Geisha

Lafcadio Hearn

Geisha

Übersetzung aus dem Englischen von Berta Franzos

Herausgegeben und kommentiert von Klaus Lerch

Die deutsche Nationalbibliothek verzeichnet diese Publikation in der Deutschen Nationalbibliographie.
Detaillierte bibliographische Daten sind im Internet über http://d-nb.de abrufbar.

ISBN 978-3-945058-15-2

Titelfotografie: Reruhi Akiyama: Ochigo-san am Kitano Tenman-gū in Kyōto

Umschlaggestaltung: Klaus Lerch

Herstellung: Books on Demand GmbH, Norderstedt

Inhalt

芸者

Vorwort

Lafcadio Hearn kam 1890 im Alter von 40 Jahren aus Amerika nach Japan. In einer Zeit, als andere westliche Besucher instruierend und belehrend agierten, betrat der Außenseiter und Aussteiger aus der amerikanischen Gesellschaft das fremde Land, um zu lernen und zu verstehen, was japanische Kultur und Mentalität ausmacht. In seinen Büchern über Japan gelang es Hearn wie keinem anderen Ausländer zu dieser Zeit, die japanische Lebens- und Denkweise für die westliche Welt verständlich, wenn auch ästhetisiert und exotisch verfärbt, zu interpretieren.

Die beiden Texte im vorliegenden Band beschäftigen sich mit der Rolle der Geisha, der vielseitigen Unterhaltungskünstlerin Japans, die von Hearn in keiner Weise als anrüchig dargestellt wird. Vielmehr verkörpern die Protagonistinnen dieser Geschichten Hearns Auffassung vom japanischen Ideal der Lebensführung, indem sie ihr eigenes Wohlergehen dem anderer unterordnen und durch ihre Opferbereitschaft moralische Größe beweisen. Beide Texte zeigen die für Hearn typische Verschmelzung von Gattungen. So gehen seine persönlichen, zunächst sachlichen Beschreibungen zur Rolle der Geisha über in fiktionale Erzählungen, die dem reichen Schatz der japanischen Volkssagen entnommen sind.

Die Originalausgabe von *Die junge Tänzerin* wurde 1894 unter dem Titel *Of a Dancing-Girl* in dem Band *Glimpses of Unfamiliar Japan* im Verlag Houghton Mifflin publiziert. Die deutsche Erstveröffentlichung, für die Berta Franzos die Übersetzung angefertigt hatte, erfolgte im Jahre 1907 im Verlag Rütten & Loening. Die Geschichte ist in dem Band *Izumo* enthalten und trägt dort den Titel *Die Geisha*.

Die Erzählung *Kimiko – Die Geschichte einer Geisha* trägt im Original den Titel *Kimiko*. Sie erschien im Jahre 1896 im Verlag Houghton Mifflin in dem Band *Kokoro: Hints and Echoes of Japanese Inner Life*. Die deutsche Erstausgabe, ebenfalls in Übersetzung von Berta Franzos, ist in dem 1906 bei Rütten & Loening erschienen Band *Kokoro* enthalten.

Klaus Lerch — Kaarst, im August 2017

Die junge Tänzerin

Es gibt nichts Stilleres als den Beginn eines japanischen Banketts, und – mit Ausnahme eines Eingeborenen – könnte sich niemand, der einem solchen zum ersten Mal beiwohnt, einen Begriff von seinem tumultuösen Ende machen.

Geräuschlos treten die geputzten Gäste ein und lassen sich schweigend auf ihren Sitzpolstern nieder. Mädchen, deren nackte Füße lautlos durch das Zimmer gleiten, stellen das lackierte Service auf die Matten vor sie hin. Eine Zeitlang ist alles ein bloßes Hin und Her, ein Wogen und Lächeln wie im Traum. Auch von draußen dringt wohl kaum ein Laut herein, da ein Bankett-Haus gewöhnlich durch einen großen Garten von der Straße getrennt ist. Endlich bricht der Zeremonienmeister, der Gastgeber oder der Arrangeur das allgemeine Schweigen mit der üblichen Formel: *O-somatsu de gozarimasu ga! – dōzo o- hashi*!, worauf alle Anwesenden sich schweigend verneigen, ihre *hashis* (Essstäbchen) ergreifen und zu essen beginnen. Aber die geschickt gehandhabten *hashis* machen auch kein Geräusch. Die Mädchen schenken jedem Gast heißen Sake in seine Schale, und erst nachdem mehrere Schüsseln und Schalen geleert worden, lösen sich die Zungen ein wenig. Dann treten unversehens einige junge Mädchen mit leisem Lachen ein, grüßen in der üblichen Weise, indem sie sich tief zur Erde neigen, gleiten in den offenen Raum zwischen den Reihen der Gäste und beginnen den Wein mit einer zierlichen Anmut und Geschicklichkeit zu kredenzen, deren ein gewöhnliches Mädchen nicht fähig wäre. Sie sind hübsch, in kostbare Seidengewänder gekleidet, wie Königinnen gegürtet, und ihr schön frisiertes Haar ist mit künstlichen Blumen, mit wunderbaren Kämmen und Nadeln und seltsamem goldenem Zierrat geschmückt. Sie begrüßen den Fremden wie einen alten Bekannten, sie scherzen und lachen und stoßen drollige kleine Laute aus. Es sind die für das Bankett engagierten Geishas[1] oder Tänzerinnen. (In Kyōto nennt man sie *maiko*[2].)

Samisen[3] (eine Gitarre mit drei Saiten) ertönen – die Tänzerinnen begeben sich in einen freien Raum im Hintergrund der Banketthalle, die im-

---

[1] 芸者, „Person der Künste".

[2] 舞妓, „tanzendes Mädchen".

[3] 三味線. Das *shamisen*, die japanische Laute, kam im 16. Jahrhundert von China nach Japan. Ursprünglich wurde der Holzkörper des Instruments mit Schlangenhaut bespannt. Heute wird Hunde- oder Katzenhaut verwendet, was einen klareren Klang ermöglicht.

mer groß genug ist, um mehr Gäste zu fassen, als sich bei gewöhnlichen Anlässen zu versammeln pflegen. Einige bilden unter der Führung einer Frau von mittlerem Alter das Orchester; dieses besteht aus mehreren *samisen* und einer niedlichen, von einem Kind geschlagenen Trommel. Andere, entweder einzeln oder in Paaren, führen den Tanz aus. Dieser kann schnell und fröhlich sein und auch bloß aus anmutigen Posen bestehen, – zwei Mädchen tanzen zusammen mit einer solchen Gleichzeitigkeit der Schritte und Gesten, wie sie nur jahrelange Übung erzielen kann. Aber weit häufiger ist es mehr ein Agieren, als das, was wir Abendländer tanzen nennen würden. Ein Agieren, begleitet von seltsamen Bewegungen der Ärmel und Fächer, und mit einem Augen- und Mienenspiel, süß, zart, beherrscht, ganz und gar orientalisch. Die Geishas kennen auch wollüstigere Tänze, aber bei gewöhnlichen Anlässen und vor einem gewählten Publikum veranschaulichen sie schöne, alte japanische Überlieferungen, wie die Legende von dem Fischerknaben Urashima[4], dem Geliebten

---

[4] Die Legende von Urashima Tarō (浦島太郎), die im 8. Jahrhundert entstand und die bereits im *Nihon shoki* und im *Man'yōshū* Erwähnung fand, handelt von einem jungen Fischer, der eine Schildkröte rettet und dafür mit einem Besuch im Palast des Drachengottes Ryūjin am Grund des Meeres belohnt wird. Als er nach drei Tagen in

der Tochter des Meergottes, und dazwischen singen sie altchinesische Lieder, die schlichte menschliche Empfindungen mit köstlicher Lebhaftigkeit in wenigen Worten schildern. Und immer füllen sie die Becher von neuem mit Wein – dem warmen, blassgelben, betäubenden Wein, der wohlig durch die Adern rieselt, uns mit traumhaftem Schleier umwebend, der das Alltägliche wundersam, die Geishas zu Paradiesesmädchen macht und die Welt weit wonniger erscheinen lässt, als es nach der gewöhnlichen Ordnung der Dinge möglich wäre.

Das anfänglich so schweigsame Bankett steigert sich allgemach zu einem lustigen Tumult. Die Reihen lösen sich; es bilden sich Gruppen, und lachend und plaudernd gehen die Geishas von Gruppe zu Gruppe, immer Sake einschenkend, die geleerten Becher wieder füllend, die mit tiefen Verbeugungen immer von neuem entgegengenommen und gewechselt werden. (Es ist manchmal üblich, dass die Gäste die Schalen miteinander tauschen, nachdem sie sie in höfli-

---

sein Dorf zurückkehrt, stellt er fest, dass dort bereits 300 Jahre vergangen sind. Lafcadio Hearn hat die Legende in seiner Schrift *The Dream of A Summer Day*, die 1895 im Band *Out of the East* erschien, nacherzählt. Das Motiv der Geschichte wurde später vielfach in Erzählungen, Filmen und Manga-Comics aufgegriffen.

cher Weise ausgespült haben. Es bedeutet immer ein Kompliment, die Schale von seinem Freunde zu erbitten.) Männer stimmen alte Samurai-Gesänge und altchinesische Lieder an, ein oder zwei tanzen sogar. Die *samisen* intonieren die lebhafte Melodie *konpira fune fune*[5], eine Geisha schürzt ihr Kleid bis zu den Knien auf. Beim Klange der Musik beginnt die Tänzerin in hurtigem Lauf die Figur 8 zu beschreiben, und ein junger Mann mit einer Sakeflasche und einem Becher beschreibt dieselbe Figur. Treffen dann die beiden in einer Linie zusammen, so muss der, durch dessen Schuld das Zusammentreffen geschah, einen Becher Sake leeren. Die Musik wird rascher und rascher und der Lauf der Tänzer schneller und schneller, denn sie müssen mit der Musik Takt halten. Und die Geisha gewinnt fast

---

[5] Das Trinkspiel *konpira fune fune* ist auch heute noch populär. Der *Konpira-dai-gongen* (金毘羅大権現) ist ein Shintōschrein in der Stadt Kotohira auf Shikoku, der als Schutzschrein für Boote und Seeleute gilt. Der Text des Liedes lautet:

金毘羅 船々	*Konpira* Boot Boot
追い手に 帆かけて	setzt die Segel
シュラシュシュシュ	la la la la
回れば 四国は	umrunde Shikoku
讃州 那珂の郡	Landkreis Naka in der Präfektur Kagawa
象頭山 金毘羅大権現	*Konpira*-Schrein am Zōzu-Berg
いちど まわれば	umrunde noch einmal

immer. In einem anderen Teil der Halle spielen Gäste und Geishas *ken*[6], Während sie spielen, singen sie und blicken sich ins Gesicht, klatschen in die Hände und schnellen in kleinen Zwischenräumen mit leisem Gekicher ihre Finger in die Luft. Und die *samisen* halten Takt.

Chotto, – don-don!
O-tagai da ne;
Chotto, – don-don!
Oidemashita ne;
Chotto, – don-don!
Shimaimashita ne.

Mit einer Geisha *ken* zu spielen, erfordert einen kühlen Kopf, ein gutes Auge und sehr viel Übung. Von Kindheit an geschult, alle Arten von *Ken* zu spielen – und es gibt deren viele – verliert sie gewöhnlich nur aus Artigkeit – wenn sie überhaupt verliert.

Die Zeichen eines gewöhnlichen *ken* sind ein Fuchs, ein Mann und eine Flinte. Macht die Gei-

---

[6] Die japanische Variante des bei uns als *Schere-Stein-Papier* oder *Schnick-Schnack-Schnuck* bekannten Spiels war insbesondere in der Zeit von 1820 bis 1910 populär. Heute wird das Spiel in Japan als *janken* (じゃん拳) bezeichnet. Die Symbole Fuchs, Mann und Flinte wurden durch die im Westen üblichen Schere, Stein und Papier ersetzt. *Janken* wird den japanischen Kindern bereits in der Grundschule als Entscheidungshilfe beigebracht.

sha das Zeichen der Flinte, muss allsogleich und genau im Takte mit der Musik, das Zeichen des Fuchses folgen, der die Flinte nicht handhaben kann. Denn machst du das Zeichen des Mannes, so wird sie mit dem Zeichen des Fuchses antworten, der den Mann überlisten kann, und du verlierst. Und macht sie das Zeichen des Fuchses zuerst, dann müsstest du das Zeichen der Flinte machen, mit der der Fuchs getötet werden kann. Aber während alledem musst du ihre glänzenden Augen und ihre geschmeidigen Hände ansehen, – sie sind hübsch – und lässt du dich auch nur für den Bruchteil einer Sekunde hinreißen, daran zu denken, wie hübsch sie sind, bist du berückt und besiegt.

Aber all dieser scheinbaren Kameradschaftlichkeit ungeachtet wird bei einem japanischen Bankett ein gewisses strenges Dekorum[7] zwischen Geishas und Gästen gewahrt. Wie erregt durch den Wein ein Gast auch geworden sein mag, er wird niemals versuchen, ein Mädchen zu liebko-

[7] Von lateinisch *decorum*: „das Geziemende, Schickliche". Dekorum bezeichnete ursprünglich ein Prinzip der antiken Rhetorik, wonach bei einer öffentlichen Rede Stil, Aufbau und Länge dem Zweck angemessen sein sollten. Das Prinzip eines gesellschaftlichen Dekorums ist verknüpft mit dem Einhalten von Umgangsformen in einer bestimmten Zeit und einer bestimmten gesellschaftlichen Schicht.

sen, er wird nie außer Acht lassen, dass sie beim Bankett nur wie eine menschliche Blume angesehen werden soll, an deren Anblick man sich wohl erfreuen, die man aber nicht berühren darf. Die Familiarität, die sich fremde Touristen oft in Japan mit Geishas oder Aufwärterinnen erlauben, ist – obgleich mit lächelnder Langmut geduldet, in Wahrheit sehr verpönt, und wird von den Eingeborenen als ausgesprochen vulgär angesehen.

Eine Zeitlang nimmt die Fröhlichkeit immer mehr zu, aber gegen Mitternacht schleicht sich ein Gast nach dem andern unbemerkt fort. Dann verstummt das Getöse allmählich, die Musik hält inne, und schließlich, nachdem die Geishas mit dem lachenden Rufe *sayōnara* die letzten Gäste zur Türe hinausgeleitet haben, dürfen sie sich endlich ruhig miteinander hinsetzen, um in der verödeten Halle ihr langes Fasten zu brechen.

Dies ist die Rolle der Geisha. Aber, was ist ihr Geheimnis? Wie sind ihre Gedanken, ihre Empfindungen, ihr innerstes Selbst? Was ist ihr wirkliches Dasein, fern von dem nächtlichen Festglanz der Bankethallen, fern von der Illusion, die der Weindunst um sie webt? Ist sie immer so mutwillig, wie sie scheint, während ihre Stimme mit spöttischer Süßigkeit die Worte des alten Liedes singt:

Kimi to neyaru ka, go sen goku toru ka?
Nanno go sen goku kimi to neyo.

(Noch einmal bei ihr zu sein oder fünftausend *koku*[8] haben? Fünftausend *koku* miss ich gern, kann mich nur ihr Anblick laben.)

(In alter Zeit lebte ein *hatamoto*[9], genannt Fuji-eda Geki, ein Vasall des Shōgun. Er hatte ein Einkommen von fünftausend *koku* Reis, was in jenen Tagen als ein großes Einkommen galt. Aber er verliebte sich in eine Bewohnerin des *Yoshiwara*[10], namens Ayaginu, die er heiraten wollte. Als sein

---

[8] Früher gab man in Japan das Vermögen oder den Lohn einer Person in *koku* (石) an. 1 *koku* entsprach der Menge trockenen Reises, den ein Erwachsener in einem Jahr verzehrte.

[9] Im feudalen Japan nahmen die *hatamoto* (旗本) eine besondere Stellung innerhalb des Samuraistandes ein. Sie waren keinem *daimyō* (Lehensfürst), sondern direkt dem Shōgun unterstellt.

[10] *Yoshiwara* (吉原) war in der Edo-Zeit das von der Regierung mit einer Lizenz ausgestattete Bordellviertel in der Hauptstadt Japans. Bei seiner Eröffnung im Jahre 1618 lag es zentral im heutigen Stadtteil Nihonbashi-Ningyōchō. Im Jahre 1657 wurde *Yoshiwara* nach Asakusa verlagert. Obwohl es in den folgenden Jahrhunderten mehr als zwanzig Mal durch Brände zerstört wurde, blieb das Viertel bis zum Ausbruch des Zweiten Weltkrieges das wichtigste Zentrum der Prostitution in Tōkyō.

Herr ihm befahl, zwischen seiner Laufbahn und seiner Leidenschaft zu wählen, flohen die Liebenden insgeheim in das Haus eines Landmanns und töteten sich dort gemeinsam. Das angeführte Lied wurde auf sie gedichtet, und man singt es noch bis auf den heutigen Tag.)

Oder können wir glauben, sie wäre fähig, die leidenschaftliche Verheißung zu erfüllen, die sie so köstlich verkündet:

Omae shindara tera e wa yaranu !
Yaite ko-ni shite sake de nomu.

(Liebster, stirbst du einst, nicht sollst ins Grab du sinken, in einem Becher Wein will deine Asch' ich trinken.)

Nun, was das betrifft, so sagt mir mein Freund, O-Kama aus Osaka habe das Liedchen erst im vorigen Jahre wahr gemacht, denn nachdem sie die Asche ihres Geliebten vom Holzstoß eingesammelt hatte, mischte sie sie mit Sake und trank sie bei einem Bankett in Gegenwart vieler Gäste. In Gegenwart vieler Gäste! Ach, um die Romantik!

In der Wohnung, die eine Gruppe Geishas innehat, befindet sich immer eine seltsame Figur in der Nische. Manchmal ist sie aus Ton, seltener aus Gold, am häufigsten aus Porzellan. Man verrichtet seine Andacht vor ihr und bringt ihr Gaben dar – Süßigkeiten, Reis, Brot und Wein; Weihrauch glimmt davor und eine Lampe brennt darunter. Es ist das Bild eines aufrecht stehenden Kätzchens, das die eine Pfote wie einladend ausstreckt; daher sein Name „das winkende Kätzchen“ (*maneki-neko*[11]). Es ist der *genius loci*[12], es bringt Glück, den Schutz der Reichen, die Gunst der Gastgeber. Nun, diejenigen, die die Seele der Geisha kennen, bestätigen, dass das Bild ein Symbol ihres Selbst ist. Spielerisch und hübsch, sanft und jung, biegsam und liebkosend,

---

[11] Die winkende Katze *maneki-neko* (招き猫) steht heute noch als Glücksbringer an den Eingängen und in den Fenstern von Läden und Restaurants, wo sie Kundschaft herbeirufen und für Wohlstand sorgen soll. Zum Ursprung dieses Brauchs erzählt man sich folgende Legende: Ii Naotaka, der als *daimyō* im Tokugawa-Shōgunat diente, suchte während eines Gewitters Schutz unter einem Baum in der Nähe des Gōtoku-Tempels in Setagaya bei Tōkyō. Als er sah, wie die Katze des Tempelpriesters ihm zuwinkte, folgte er ihr. Kurz darauf wurde der Baum, unter dem er vorher Schutz gesucht hatte, von einem Blitzeinschlag zerrissen. Der wohlhabende Mann bedachte daraufhin den Provinztempel mit einer großzügigen Spende und verhalf ihm damit zu Reichtum und Bedeutung. Als die Katze viele Jahre später starb, wurde die erste *maneki-neko*-Figur zu ihren Ehren angefertigt.

[12] Wörtlich „der Geist des Ortes“. Der Begriff stammt aus der römischen Mythologie und bezeichnet dort einen Schutzgeist.

schmiegsam und grausam, wie ein verzehrendes Feuer.

Sogar Schlimmeres als dies hat man von ihr gesagt: In ihrem Schatten schreitet der Gott der Armut, und die Füchsinnen sind ihre Schwestern; sie ist das Verderben der Jugend, die Vergeuderin des Wohlstandes, die Zerstörerin der Familien, sie kennt die Liebe nur als den Quell der Torheiten, die ihr Gewinn sind, und bereichert sich auf Kosten der Männer, die sie in den Tod getrieben hat – sie ist die abgefeimteste aller hübschen Heuchlerinnen, die unersättlichste aller Käuflichen, die gefährlichste aller Glücksjägerinnen, die erbarmungsloseste aller Geliebten. Dies kann nicht alles wahr sein – aber so viel ist wahr, dass die Geisha ihrer Beschaffenheit nach gleich der Katze ein Raubtier von Beruf ist. Es gibt freilich viele liebliche Kätzchen – ebensowohl muss es auch eine Menge entzückender Geishas geben.

Die Geisha ist nur das, wozu sie der törichte menschliche Wunsch nach der Illusion einer Liebe voll Reiz und Genuss, aber ohne Skrupeln und Verantwortlichkeit gemacht hat, und darum hat man sie gelehrt, außer mit dem *ken* auch noch mit Herzen zu spielen. Nun ist es aber ein ewiges Gesetz in diesem irdischen Jammertal, dass man mit allen Dingen spielen kann, außer mit dreien, und diese sind: Liebe, Leben und Tod. Dies haben die Götter sich selbst vorbehalten, weil sonst niemand damit spielen kann, ohne Unheil anzurichten. Mit Geishas irgendein ernsteres Spiel zu spielen als *ken* oder etwa Go, missfällt deshalb den Göttern.

Das Mädchen beginnt seine Laufbahn als Sklavin, – ein hübsches Kind, blutarmen Eltern abgekauft auf Grund eines Kontraktes, nach dem ihre Leistungen von dem Käufer 18, 20, ja selbst 25 Jahre lang beansprucht werden können. Sie wird in einem nur von Geishas bewohnten Hause genährt, gekleidet und erzogen und verbringt den Rest ihrer Kindheit unter strenger Zucht. Man unterweist sie in guter Lebensart, in Anmut, höflicher Rede, sie hat täglich Tanzstunde, und muss eine Menge von Liedern mit den Melodien auswendig lernen. Auch Spiele muss sie lernen, das Servieren bei Banketten und Hochzeiten, die Kunst, sich anzuziehen und schön auszusehen. Jede physische Anlage, die sie besitzt, wird sorglich ausgebildet. Dann folgt der Unterricht in verschiedenen Musikinstrumenten: Zuerst kommt die kleine Trommel (die *tsu-zumi*[13]), de-

---

[13] Die *tsuzumi* (鼓) wird auch Sanduhrtrommel genannt, da sie aus zwei kelchförmigen Trommelkörpern besteht, die

ren Behandlung sehr viel Übung erfordert. Dann lernt sie ein wenig auf der *samisen* spielen mit einem Plektrum von Schildpatt oder Elfenbein. Mit acht oder neun Jahren wirkt sie bei Banketten mit – hauptsächlich als Trommelschlägerin. Sie ist dann das reizendste kleine Geschöpfchen, das man sich denken kann, und versteht schon zwischen zwei Schlägen auf ihrer Trommel deine Weinschale mit einem einzigen Neigen der Flasche vollzuschenken, ohne auch nur einen Tropfen zu verschütten.

Später wird ihre Lehrzeit grausamer. Ihre Stimme mag biegsam genug sein, aber sie entbehrt vielleicht der erforderlichen Stärke. In den eisigsten Winternächten muss sie daher auf das Dach ihres Wohnhauses steigen und dort singen und spielen, bis ihre Hände erstarren und die Stimme in ihrer Kehle erlischt. Das angestrebte Resultat ist eine fürchterliche Erkältung. Nach einer Periode heiseren Flüsterns erstarkt die Stimme und verändert ihre Klangfarbe. Nun erst ist sie reif, eine öffentliche Sängerin zu werden.

In dieser Eigenschaft tritt sie gewöhnlich im Alter von zwölf oder dreizehn Jahren zum ersten

---

durch ein dünnes Mittelstück verbunden sind. Die *tsuzumi* ist die einzige japanische Trommel, die nicht mit Schlägern, sondern mit den Händen gespielt wird.

Male auf. Ist sie hübsch und gewandt, so werden ihre Dienste häufig verlangt, ihre Leistungen gut bezahlt (wohl zwanzig bis fünfundzwanzig Sen für die Stunde). Dann erst fangen ihre Käufer an, sich für all die für ihre Ausbildung aufgewendeten Kosten und Mühen schadlos zu halten. Und sie sind selten geneigt, sich großmütig zu erweisen. Auf Jahre hinaus legen sie auf alles, was sie einnimmt, Beschlag – sie besitzt nichts – nicht einmal ihre Kleider.

Mit siebzehn oder achtzehn Jahren hat sie ihren künstlerischen Ruf begründet. Sie hat vielen hundert Unterhaltungen beigewohnt und kennt alle wichtigen Persönlichkeiten ihrer Vaterstadt – den Charakter jedes einzelnen, die Geschichte eines jeden. Ihr Leben war fast ausschließlich ein Nachtleben – selten nur hat sie den Sonnenaufgang gesehen, seitdem sie Tänzerin geworden ist Sie hat gelernt, Wein zu trinken, ohne jemals den Kopf zu verlieren, und dann auch, wenn es darauf ankommt, sieben und acht Stunden zu fasten. Sie hat viele Liebhaber gehabt – denn in gewissem Maße steht es ihr frei, jedem zuzulächeln, der ihr gefällt, aber man hat sie vor allem gelehrt, ihre Zauberkraft zum eigenen Vorteil auszunutzen. Sie hofft, jemanden zu finden, der erbötig und imstande sein wird, ihre Freiheit zu erkaufen, – dieser Jemand würde jedoch sicherlich viele neue und ausgezeichnete Wahrheiten in jenen buddhistischen Texten entdecken, die von der Torheit der Liebe und der Wandelbarkeit aller menschlichen Beziehungen erzählen.

Auf diesem Punkt ihrer Laufbahn ist es wohlgetan, die Geisha zu verlassen, denn späterhin mag sich ihre Geschichte unerfreulich gestalten, es sei denn, dass sie jung stirbt. Geschieht dies, wird ihr die Totenfeier ihrer Klasse zuteil, und die Erinnerung an sie wird durch verschiedene seltsame Riten bewahrt werden.

Schlenderst du gelegentlich zu nächtlicher Stunde durch japanische Straßen, so mag es geschehen, dass seltsame Musiklaute an dein Ohr schlagen – *samisen*-Geklimper, vermischt mit schrillem Gesang von Mädchenstimmen ertönt aus dem großen Tor eines Buddha-Tempels, – was dir als ein seltsames Zusammentreffen erscheinen mag. Der tiefe Hof ist von einer lauschenden Zuschauermenge erfüllt. Hast du dich dann durch das Gewühl auf der Tempelstiege durchgedrängt, so siehst du im Innern auf den Matten zwei Geishas sitzen, die spielen und singen, während eine dritte vor einem kleinen Tischchen tanzt. Auf dem Tisch steht ein *ihai*[14]

---

[14] Sterbetäfelchen *ihai* (位牌) werden normalerweise in Privathaushalten am buddhistischen Hausaltar aufgestellt.

(ein Sterbetäfelchen), und vor dem Täfelchen brennt eine kleine Lampe, und Weihrauch entströmt einer kleinen Bronzeschale. Eine kleine Mahlzeit steht davor — Früchte und Zuckerwerk —, eine Mahlzeit, wie man sie bei festlichen Gelegenheiten den Toten darzubringen pflegt. Du erfährst, dass das *kaimyō*[15] auf dem Täfelchen das einer Geisha ist, und dass die Genossinnen der Verblichenen sich an bestimmten Tagen im Tempel versammeln, um ihren Geist mit Gesängen und Tänzen zu erheitern. Jeder, dem es behebt, darf dieser Zeremonie beiwohnen.

Aber die Tänzerinnen der alten Zeit waren nicht wie die Geishas von heutzutage. Manche von

---

Die grabsteinartigen Tafeln tragen auf der Vorderseite den buddhistischen Namen eines verstorbenen Ahnen. Dieser soll durch das Aufstellen der Tafel und die dadurch zum Ausdruck gebrachte Ehrenbezeugung befriedet werden, da die Nachkommen fürchten, der Verstorbene könnte sie sonst als Totengeist (*yūrei* 幽霊 bzw. *bōrei* 亡霊) heimsuchen.

[15] *Kaimyō* (戒名) ist der buddhistische Name, der am Tag des Begräbnisses an einen Verstorbenen vergeben und auf die Vorderseite des Sterbetäfelchens geschrieben wird. Ursprünglich war die Voraussetzung für die Vergabe des Namens, dass der Verstorbene in seinem irdischen Leben die fünf Regeln des Buddhismus beachtet hatte. Heutzutage kann der *kaimyō* von den Nachkommen käuflich erworben werden.

ihnen nannte man *shirabyōshi*[16], und ihre Herzen waren nicht allzu hart.

Sie waren schön – sie trugen seltsam geformte goldstrotzende Hauben und prächtige kostbare Gewänder und tanzten mit Schwertern in den Palästen von Fürsten.

Und von einer ist eine alte Geschichte überliefert, die wohl wert ist, hier verzeichnet zu werden.

In früheren Zeiten war es in Japan für junge Künstler Brauch und es ist es noch heute, die verschiedenen Provinzen des Kaiserreiches zu Fuß zu durchstreifen, um die berühmten Landschaftsszenerien kennen zu lernen und zu skizzieren und die Kunstgegenstände in den buddhistischen Tempeln zu studieren, von denen viele in herrlichen Gegenden stehen.

Solchen Wanderungen danken wir hauptsächlich jene wundervollen Landschaftsbilderbücher [17]

---

[16] Ursprünglich wurden die Tänzerinnen am kaiserlichen Hof in der Heian- (794-1192) und frühen Kamakura-Zeit (1192-1333) als *shirabyōshi* (白拍子) bezeichnet. Die berühmtesten *shirabyōshi* waren Shizuka, die Konkubine des Shōgun Minamoto no Yoshitsune (源義経, 1159-1189) und Kamegiku, die Geliebte des Kaisers Go-toba (後鳥羽, 1189-1239).

[17] Bekanntestes Beispiel ist die um 1830 entstandene Farbholzschnitt-Serie *36 Ansichten des Berges Fuji* (*Fugaku sanjūrokkei* 富嶽三十六景) von Katsushika Hokusai (葛飾

und Studien aus dem Leben, die jetzt so selten geworden sind, und die uns besser als irgendetwas sonst zeigen, dass nur ein Japaner japanische Landschaften malen kann. Hat man sich mit der Art und Weise, wie sie ihre eigene Natur interpretieren, vertraut gemacht, so werden einem fremde Versuche auf demselben Gebiete seltsam flach und seelenlos erscheinen. Der fremde Künstler gibt realistische Spiegelbilder dessen, was er sieht. Aber er gibt nicht mehr. Der japanische Künstler gibt das, was er fühlt, – die Stimmung einer Jahreszeit, die genaue Empfindung einer Stunde und eines Ortes; seinem Werk wohnt eine suggestive Kraft inne, die in der abendländischen Kunst selten zu finden ist. Der abendländische Maler gibt minutiöse Details. Aber sein orientalischer Bruder unterdrückt oder idealisiert das Detail, – taucht die Fernen in Nebel, umschlingt seine Landschaften mit Wolken, gestaltet seine Erfahrung zu einer Erinnerung, in der nur das Seltsame und Schöne mit seinen Empfindungen fortlebt. Er übertrifft die Phantasie, stachelt sie an, schärft gleichsam ihr Verlangen nach dem Reiz, der nur blitzartig angedeutet

---

北斎). Ähnliche Landschaftsserien wurden in den Jahren 1840 bis 1860 von Utagawa Kuniyoshi (歌川国芳), Utagawa Hiroshige (歌川広重) und Utagawa Kunisada (歌川国貞) geschaffen.

wurde. Aber in solchen Andeutungen vermag er wie durch Magie das Gefühl einer Zeit, den Charakter eines Ortes auf dich zu übertragen. Er ist mehr ein Maler der Erinnerungen und Empfindungen, als der scharf umrissenen Realitäten, – und darin liegt das Geheimnis seiner erstaunlichen Macht, einer Macht, die nur von dem ganz gewürdigt werden kann, der die Szenerien seiner Inspirationen aus eigener Anschauung kennt. Vor allem ist er unpersönlich, – seine menschlichen Figuren sind aller Individualität entkleidet, aber sie haben unvergleichlichen Wert als typische Verkörperungen des Charakteristischen einer Klasse: der kindischen Neugierde des Bauern, mädchenhafter Schüchternheit, der Zaubergewalt der *joro*[18], des selbstbewussten Samurai, der drolligen, unbeholfenen Kinderschönheit, der resignierten Milde des Alters. Reisen und Beobachtung waren die Einflüsse, die diese Kunst entwickelt haben, – sie war nie eine Atelierpflanze.

+++

[18] *Jorōgumo* (絡新婦) ist eine Figur des japanischen Volksglaubens. Das spinnenartige Wesen ist ein Körperwandler (*hengeyōkai* 変化妖怪), der die Gestalt einer Frau annehmen und Männer in seinen Bann ziehen kann.

Vor vielen Jahren machte ein junger Kunstschüler eine Fußwanderung über die Berge von Kyōto nach Yedo. Dazumal gab es nur sehr wenige und schlechte Straßen, und das Reisen war im Vergleich mit heute so mühselig, dass ein Sprichwort im Umlauf war: *Kawai ko wa tabi wo sase* (ein verzogenes Kind sollte man eine Reise tun lassen). Aber das Land selbst war ebenso wie heute. Da waren dieselben Zedern- und Föhrenwälder, dieselben Bambushaine, dieselben Dörfer mit den hochgiebeligen Binsendächern, dieselben terrassenförmig aufsteigenden Reisfelder mit den verstreuten großen gelben Strohhüten der Bauern, die sich zu Boden neigten. Dieselben Jizō-Statuen[19] lächelten am Wegrain auf die Pilger hernieder, die zu den Tempeln wallten. Und damals wie jetzt konnte man an Sommertagen nackte braune Kinder sich in den seichten Flüssen tummeln, und alle Flüsse der Sonne zulachen sehen.

---

[19] Jizō (地蔵) ist eine wichtige Bodhisattva-Figur im japanischen buddhistischen Glauben. Jizō gilt als Begleiter der Seele eines Toten auf dem Weg in die Unterwelt. Die Jizō-Statuen haben die Gestalt eines buddhistischen Mönches mit kahlgeschorenem Schädel und einem Pilgerstab in der Hand. Jizō gilt als Schutzherr der Reisenden und Pilger, aber auch der ungeborenen, abgetriebenen oder früh verstorbenen Kinder.

Der junge Künstler nun war kein *kawai ko*[20]. Er war schon sehr viel gereist, gegen Strapazen und harte Nachtlager abgehärtet und Meister in der Kunst, sich in jede Lage zu schicken. Auf dieser Reise aber fand er sich eines Abends nach Sonnenuntergang in eine Gegend verschlagen, die so weltfern und abgetrennt von jeder Kultur schien, dass er glaubte, alle Hoffnung auf Unterkunft aufgeben zu müssen. Bei seinem Versuche, den Weg über einen Bergabhang abzuschneiden, hatte er die Richtung verloren.

Es war eine mondlose Nacht, und die Föhrenschatten verdunkelten alles ringsum noch mehr. Die Gegend, in die er verschlagen war, schien vollkommen unwirtlich. Kein Laut war vernehmbar, nur das Rauschen des Windes in den Föhrennadeln und das unaufhörliche Schellengeläute der Glöckcheninsekten. Er stolperte weiter, in der Hoffnung, an irgendein Flussufer zu kommen, an dem er entlanggehend eine Ansiedelung erreichen könnte. Plötzlich kreuzte ein Strom seinen Weg; aber er sah, dass seine reißenden Wasser sich zwischen Felsen in eine Bergschlucht ergossen. So am weiteren Vordringen gehindert, beschloss er, den nächsten Gipfel zu erklettern, um von dort vielleicht irgendein

---

[20] 可愛い子, „kleines, liebes Kind“.

Zeichen menschlichen Lebens erspähen zu können. Aber am Ziele angelangt, sah er nichts weiter als wiederum Hügelmassen.

Schon hatte er sich darein ergeben, die Nacht unter freiem Himmel zubringen zu müssen, da gewahrte er in einiger Entfernung unten am Hügelabhang einen vereinzelten gelben Lichtschimmer, der offenbar aus irgendeiner Heimstätte kam. Er ging dem Lichte nach und entdeckte bald eine kleine Hütte, – offenbar einen Bauernhof. Das Licht, das er gesehen hatte, drang durch eine Spalte der geschlossenen Sturmläden. Er beschleunigte seine Schritte und klopfte an die Eingangspforte.

Erst nachdem er mehrmals geklopft und gerufen hatte, vernahm er endlich ein Lebenszeichen von innen, und dann fragte eine Frauenstimme nach seinem Begehr. Die Stimme war ungewöhnlich wohllautend, und die Sprache der unsichtbaren Fragerin überraschte ihn, denn sie sprach in dem verfeinerten Idiom der Hauptstadt. Er sagte, er sei ein fahrender Kunstschüler, der sich in den Bergen verirrt habe, und womöglich hier Unterkunft für die Nacht und einen kleinen Imbiss zu erhalten wünschte, aber wenn solches hier nicht möglich wäre, würde er für die Auskunft, wie er das nächste Dorf erreichen könnte, sehr dankbar sein; und, fügte er hinzu, er sei in der Lage, die Dienste eines Führers zu entlohnen. Die Frauenstimme stellte ihrerseits verschiedene Fragen, die großes Erstaunen darüber ausdrückten, dass jemand von der angegebenen Richtung aus das Haus habe auffinden können. Aber offenbar zerstreuten seine Antworten jedes Misstrauen, denn die Herrin des Hauses sagte entschlossen: „Ich komme gleich – es wäre schwer für Euch, noch heute ein Dorf zu erreichen, und der Pfad ist gefährlich." Nach einer kurzen Pause wurde die Sturmtüre zurückgeschoben, und eine Frau erschien mit einer Papierlaterne, die sie so emporhielt, dass ihr Licht auf das Antlitz des Fremden fiel, während ihr eigenes im Schatten blieb. Sie musterte ihn schweigend und sagte kurz: „Wartet, ich will Wasser bringen." Sie holte ein Wasserbecken, stellte es auf die Türschwelle und bot dem Gaste ein Handtuch. Er streifte seine Sandalen ab, wusch den Reisestaub von seinen Füßen und wurde dann in ein nettes Zimmer geführt, das den ganzen Innenraum einzunehmen schien, mit Ausnahme eines kleinen abgegrenzten Raumes im Hintergrund, der als Küche diente. Ein baumwollener *zabuton*[21] wurde vor ihm ausgebreitet und ein Feuerbecken vor ihn hingestellt.

[21] *Zabuton* (座布団) ist ein traditionelles japanisches Sitz-

Da erst hatte er Gelegenheit, seine Wirtin anzusehen, und er war von der Schönheit ihrer Züge betroffen. Sie mochte wohl drei oder vier Jahre älter sein als er selbst, prangte aber in holdester Jugendblüte, – sicherlich war sie kein Landmädchen. Mit derselben süßen Stimme wie vorher sagte sie zu ihm: „Ich bin jetzt allein und empfange hier niemals Gäste. Aber es wäre gefährlich für Euch, noch heute Eure Reise fortzusetzen. Wohl sind einige Bauerhäuser in der Nachbarschaft, aber Ihr könnt den Weg zu ihnen im Dunkel und ohne Führer nicht finden. So ist es also das Beste, Ihr bleibt bis morgen hier. Ihr werdet es freilich nicht behaglich haben, aber ein Bett kann ich Euch immerhin bieten. Gewiss habt Ihr auch Hunger, aber leider sind nur einige *shōjin-ryōri*[22] da und nicht die allerbesten (buddhistische Speise, die keinerlei animalische Substanz enthält; manche Arten von *shōjin-ryōri* sind

---

kissen von quadratischer Form, das seit dem 17. Jahrhundert verwendet wird.

[22] Die vegetarischen buddhistischen Gerichte *shōjin ryōri* (精進料理) kamen im 6. Jahrhundert aus China und Korea nach Japan. Bei der Zubereitung wird nicht nur auf Fleisch und Fisch, sondern auch auf jegliches Wurzelgemüse, wie Zwiebeln, Lauch oder Knoblauch, verzichtet. Wichtige Zutaten sind Reis, Tōfu, *konnyaku* (Mehl aus der Knolle der Teufelszunge) sowie Sesam-, Walnuss- und Rapsöl.

sehr schmackhaft), – Ihr müsst eben vorliebnehmen."

Dem müden und hungrigen Reisenden war das freundliche Anerbieten hochwillkommen. Die junge Frau entzündete ein kleines Feuer, richtete schweigend einige Schüsseln an: gedämpfte *na*-Blätter[23], ein wenig *aburage*[24], etwas *kampyo*[25] und eine Schüssel groben Reis, – und setzte das Mahl mit einer Entschuldigung wegen seiner frugalen Beschaffenheit vor ihn hin. Aber während er aß, sprach sie kaum ein Wort, und ihre zurückhaltende Art machte ihn befangen. Da sie die wenigen Fragen, die er zu stellen wagte, nur mit einem leichten Kopfneigen oder einsilbig beantwortete, verstummte auch er bald.

Indessen war es ihm nicht entgangen, dass das kleine Haus spiegelblank war und die Gefäße, in denen die Speisen für ihn aufgetragen wurden, in makelloser Reinheit glänzten. Die wenigen einfachen Gegenstände in dem Gemach waren hübsch, die *fusuma*[26] des *oshiire*[27] und der *zenda*-

---

[23] Vermutlich meint Hearn die Blätter des Chinakohls, der in Japan als *nappa* (菜っ葉) oder *hakusai* (白菜) bezeichnet wird.

[24] 油揚げ, dünne, frittierte Tōfuscheiben.

[25] 干瓢, getrocknete Kürbisstreifen.

[26] *Fusuma* (襖) dienen als Raumteiler in traditionellen japanischen Häusern. Sie bestehen aus einem Holzrahmen,

na[28] (die Bezeichnungen *oshiire* und *zendana* könnten durch „Garderobe“ oder „Kredenzschrank“ wiedergegeben werden; die *fusuma* sind verschiebbare Schirme, die als Türen dienen) waren zwar bloß aus weißem Papier, aber mit großen, wunderbar gemalten chinesischen Schriftzeichen dekoriert, die dem Gesetz dieser Dekoration entsprechend, die Lieblingsthemen der Dichter und Künstler darstellten: Frühlingsblumen, Berg und Meer, Sommerregen, Himmel und Sterne, Herbstmond, Flusswasser und Herbstbrise. Auf einer Seite des Zimmers stand eine Art niedrigen Altars mit einem *butsudan*[29], durch dessen winzige, lackierte, geöffnete Türen man im Innern ein Sterbetäfelchen sah, vor dem zwischen Feldblumen ein Lämpchen brannte. Über diesem Hausaltar hing ein Bild von unge-

---

der mit bemaltem Papier oder Stoff bespannt ist. Im Gegensatz zu den *shōji*-Türen sind *fusuma* blickdicht. Sie werden nur im Innenbereich eingesetzt.

27 In dem Wandschrank *oshiire* (押し入れ) werden tagsüber *futon* (Matratze), Kissen und Decken verstaut. Auch die *zabuton* werden dort gelagert.

28 *Zendana* (膳棚) bezeichnet eine flache Anrichte, auf der Speisen und Getränke serviert werden.

29 Einen buddhistischen Hausaltar *butsudan* (仏壇) findet man auch heute noch in vielen japanischen Wohnungen. Die shintōistische Alternative wird *kamidana* (神棚) genannt.

wöhnlichem Wert, die Gnadengöttin[30] darstellend, mit dem Mond als Aureole.

Nachdem der Schüler sein kleines Mahl beendet hatte, sagte die junge Frau: „Ich kann Euch kein gutes Bett anbieten, und es ist auch nur ein Moskito-Vorhang aus Papier vorhanden. Das Bett und den Vorhang benütze ich sonst selbst, aber heute Nacht habe ich vielerlei zu tun und werde keine Zeit zum Schlafen haben. Ich bitte Euch daher, zu versuchen, es Euch so bequem zu machen, als es eben geht."

Er begriff, dass sie aus irgend einem seltsamen Grunde ganz allein war und ihm unter einem freundlichen Vorwand ihr einziges Bett überlassen wollte. Er verwahrte sich eifrig gegen ein solches Übermaß von Gastfreundschaft und versicherte ihr, dass er überall auf dem Boden ebenso gut schlafen könnte und dass die Moskitos ihn nicht im mindesten genieren würden. Aber sie erwiderte im Tone einer älteren Schwester, dass er sich ihren Wünschen fügen möge. Sie habe

---

[30] Die in Japan als weibliche Inkarnation des Bodhisattvas des Mitgefühls verehrte *Kannon* (観音) gehört zu den am häufigsten dargestellten Figuren in der buddhistischen Ikonografie. Die *Kannon*-Gestalt wird oft mit mehreren Köpfen und bis zu tausend Armen gezeigt, als Ausdruck für die vielfältige Unterstützung, die sie den Menschen auf dem Weg zur Erleuchtung zukommen lässt.

wirklich etwas zu tun, es mache ihr gar keine Ungelegenheiten, und sie erwarte von seiner Ritterlichkeit, dass er sie gewähren lasse, wie es ihr am besten dünkte. Nun konnte er sich nicht länger weigern, da bloß ein Zimmer vorhanden war. Sie breitete die Matratze auf den Boden, holte ein Holzkissen herbei, hängte einen Papier-Moskito-Vorhang auf, stellte einen großen Schirm auf der Bettseite gegen den *butsudan* auf und wünschte ihm dann in einer Weise gute Nacht, die deutlich ihren Wunsch verriet, er möchte sich gleich zurückziehen. Dies tat er auch, aber nicht ohne Gewissensbisse zu empfinden bei dem Gedanken an alle die Mühe und Unruhe, die er ihr, wenn auch wider Willen, verursacht hatte.

So sehr es dem jungen Reisenden widerstrebte, eine Freundlichkeit anzunehmen, die das Opfer der Nachtruhe seiner Wirtin notwendig machte, so konnte er sich doch eines unsagbaren Wohlgefühles nicht erwehren, als er seine Glieder ausstreckte. Er hatte seinen Kopf auch kaum auf das Polster gelegt, als der Schlaf ihn schon übermannte und alle Bedenken verscheuchte.

Es schien jedoch nur eine kleine Weile vergangen zu sein, als er durch ein seltsames Geräusch erwachte. Es war sicherlich das Geräusch von raschen erregten Schritten. Da durchfuhr ihn der Gedanke, dass vielleicht Räuber in das Haus gedrungen sein könnten. Er für sein Teil hatte wenig zu fürchten, denn er hatte wenig zu verlieren. Seine Angst galt nur der liebenswürdigen Frau, die ihm Gastfreundschaft gewährt hatte.

Auf jeder Seite des Papier-Moskito-Vorhangs war ein kleines braunes, viereckiges Netzstückchen eingefügt, wie ein kleines Guckloch, und er mühte sich, durch eines derselben hinauszulugen. Aber der hohe Schirm stand zwischen ihm und dem, was möglicherweise vor sich ging. Schon wollte er rufen, aber dieser Impuls wurde durch das Bedenken unterdrückt, dass es im Falle wirklicher Gefahr zugleich nutzlos und unklug sein würde, seine Anwesenheit zu verraten, ehe er sich über die Sachlage klargeworden war. Das Geräusch, das ihn aufgeschreckt hatte, dauerte fort und wurde immer geheimnisvoller. Er entschloss sich also, der Gefahr entgegenzugehen und, wenn nötig, sein Leben zur Verteidigung seiner Wirtin zu wagen. Hastig seine Gewänder emporraffend, schlüpfte er unter dem Papiervorhang hervor und kroch bis an den äußersten Rand des Schirmes, um zu spähen. Was er sah, ließ ihn aufs höchste erstaunen.

Vor dem erleuchteten *butsudan,* – prächtig angetan mit golddurchwirkten Gewändern, tanzte das junge Weib ganz allein. Ihr Kostüm erkannte er als das einer *shirabyōshi,* obwohl es weit reicher war, als er es je bei einer berufsmäßigen Tänzerin gesehen hatte. Wundersam durch diese Kleiderpracht gehoben, schien ihre Schönheit in dieser geisterhaften Stunde und Umgebung fast überirdisch. Aber noch wundersamer dünkte ihm ihr Tanz. Einen Augenblick fühlte er sich von unheimlichen Zweifeln überkommen, – die abergläubischen Vorstellungen der Bauern, die Legenden von Fuchsfrauen schössen ihm durch den Sinn, – aber der Anblick des buddhistischen Altars, des heiligen Bildes verscheuchte die Anwandlung, und er schämte sich seiner Torheit. Gleichzeitig wurde er sich aber auch bewusst, dass er etwas beobachte, dessen Anblick die junge Frau ihm nicht gewähren wollte, und dass es seine Pflicht als Gast war, sich allsogleich wieder hinter den Schirm zurückzuziehen. Aber das Schauspiel bannte ihn. Er fühlte mit einer Freude, die nicht geringer war als sein Staunen, dass er die vollkommenste Tänzerin vor sich hatte, die er je gesehen, und je mehr er schaute, desto mehr bestrickte und fesselte ihn der Zauber ihrer Anmut.

Plötzlich hielt sie inne, mit wogender Brust, und indem sie sich beim Raffen des Oberkleides zurückwendete, fuhr sie heftig betroffen zusammen, als ihre Augen den seinigen begegneten. Er erschöpfte sich in Entschuldigungen, – erzählte ihr, wie er durch plötzliches Fußgetrippel aus dem Schlaf geschreckt, in Unruhe versetzt worden sei, hauptsächlich ihrethalben wegen der späten Nachtstunde und der einsamen Lage des Hauses. Dann gestand er seine Überraschung über das, was er gesehen, und sprach davon, wie ihn das Schauspiel gefesselt habe. „Ich bitte Euch, meine Neugierde zu verzeihen," fuhr er fort, „denn ich kann mir nicht erklären, wer Ihr seid und auf welche Weise Ihr eine so wunderbare Tänzerin werden konntet. Ich habe alle Tänzerinnen von *Saikyō* [31] gesehen, aber unter den allergefeiertsten in dieser Kunst ist Euch keine gleichgekommen. Und von dem Moment, da ich Euch zuzusehen begann, waren meine Augen wie gebannt, und ich konnte sie nicht mehr abwenden."

---

[31] Kyōto (京都) erhielt seinen Namen, der „Hauptstadt" bedeutet, im 11. Jahrhundert. Nachdem Edo in der Folge der Meiji-Restauration im Jahre 1868 in Tōkyō (東京), „östliche Hauptstadt" umbenannt wurde, trug Kyōto für einige Zeit den Namen *Saikyō* (西京), „westliche Hauptstadt".

Anfänglich schien sie ungehalten, aber im Verlauf seiner Rede veränderte sich ihr Gesichtsausdruck, sie lächelte und ließ sich neben ihm nieder. „Nein, ich bin Euch nicht böse," sagte sie, „es tut mir nur leid, dass Ihr mir zugesehen habt; denn sicherlich musstet Ihr mich für verrückt halten, als Ihr mich so allein herumtanzen saht. Und nun muss ich Euch die Bedeutung dessen erklären, was Ihr gesehen habt."

Und so erzählte sie also ihre Geschichte. Er entsann sich, als Knabe ihren Namen gehört zu haben, – ihren Berufsnamen, den der allerberühmtesten *shirabyōshi,* des Lieblings der Hauptstadt, die im Zenit ihrer Schönheit und ihres Ruhmes plötzlich vom Schauplatz verschwand; niemand wusste, warum und wohin. Sie ließ Wohlstand und Ruhm im Stich und entfloh mit einem Jüngling, der sie liebte. Er war arm, aber ihre gemeinsamen Mittel genügten für ein schlichtes glückliches Leben auf dem Lande. Sie erbauten sich ein kleines Häuschen in den Bergen, und dort verbrachten sie einige Jahre in ungetrübtem Glück, nur füreinander lebend.

Er betete sie an. Sein größtes Vergnügen war, sie tanzen zu sehen. Jeden Abend spielte er irgendeine Lieblingsmelodie, zu der sie für ihn tanzte. Aber während eines sehr kalten Winters erkrankte er und starb trotz ihrer zärtlichen Pflege. Seitdem hatte sie ganz einsam nur ihren Erinnerungen gelebt, all die kleinen Riten der Liebe und Treue vollziehend, mit denen die Toten geehrt werden. Täglich stellte sie vor sein Sterbetäfelchen die üblichen Gaben, und am Abend tanzte sie ihm zuliebe, wie sie es zu seinen Lebzeiten getan. Und dies war die Erklärung dessen, was der junge Reisende gesehen hatte.

„Es war wirklich nicht rücksichtsvoll von mir," fuhr sie fort, „einen ermüdeten Gast aufzuwecken." Aber sie hatte gewartet, bis sie ihn in festem Schlafe glaubte, und dann hatte sie sich bemüht, so leise wie irgend möglich zu tanzen. Sie hoffe also, er werde ihr verzeihen, ihn ganz gegen ihren Willen gestört zu haben. Nachdem sie ihm alles erklärt hatte, bereitete sie etwas Tee, den sie zusammen tranken, und dann bat sie ihn so inständig, sich ihr zu Gefallen wieder zur Ruhe zu begeben, dass ihm nichts übrigblieb, als sein Lager unter dem Moskito-Vorhang wieder aufzusuchen, was er unter wiederholten Entschuldigungen und Danksagungen tat.

Er schlief vortrefflich – und als er erwachte, stand die Sonne schon hoch am Himmel. Nachdem er aufgestanden war, fand er ein kleines schlichtes Mahl, wie das am vorhergehenden

Abend, für sich bereitet. Er spürte großen Hunger; aber in der Furcht, die junge Frau hätte, um ihm so viel auftischen zu können, sich selbst beraubt, aß er beinahe gar nichts. Und dann machte er sich zum Fortgehen bereit. Aber als er Miene machte, ihr für die genossene Gastfreundschaft und die Mühe, die er ihr verursacht hatte, eine Bezahlung anzubieten, wollte sie nichts davon wissen und sagte: „Was ich bieten konnte, war keine Bezahlung wert, und was ich tat, geschah nur aus gutem Herzen. Ich bitte daher, die Unbequemlichkeit zu verzeihen und nur meinen guten Willen in Erinnerung zu behalten, der leider nichts Besseres zu bieten hat." Er machte noch einen Versuch, sie zu überreden, irgendetwas anzunehmen, aber als er sah, dass sein Drängen ihr peinlich war, verabschiedete er sich, indem er, so gut er konnte, seine Dankbarkeit auszudrücken bemüht war. Er fühlte ein leises Abschiedsweh, denn ihre Schönheit und Sanftmut hatten ihn mehr bezaubert, als er sich eingestehen mochte. Sie zeigte ihm den Pfad, den er einschlagen musste und folgte ihm mit den Augen, wie er den Berg hinabstieg, bis er ihren Blicken entschwand. Eine Stunde später befand er sich auf einem Bergweg, den er kannte; da plötzlich fiel es ihm ein, dass er vergessen habe, ihr seinen Namen zu nennen. Er zauderte einen

Moment, dann aber sagte er achselzuckend: „Ach, was liegt daran, ich werde doch immer derselbe arme Teufel bleiben!“ Und er setzte seinen Weg fort.

Viele Jahre vergingen und mit ihnen viele Moden. Und der Maler wurde alt. Aber noch ehe er alt wurde, war er berühmt geworden. Von seinen Wunderwerken entzückt, hatten Fürsten miteinander gewetteifert, ihm ihre Gunst zuzuwenden, und so wurde er reich und angesehen und besaß ein vornehmes Haus in der Hauptstadt des Kaisers. Junge Künstler aus mehreren Provinzen waren seine Schüler, lebten mit ihm und suchten sich ihm in jeder Weise nützlich zu machen, während sie seinen Unterricht genossen, und sein Name war im ganzen Lande bekannt.

Eines Tages kam eine alte Frau in sein Haus und verlangte, mit ihm zu sprechen. Als die Diener ihre dürftigen Kleider und ihre armselige Erscheinung sahen, hielten sie sie für eine gewöhnliche Bettlerin und fragten sie barsch nach ihrem Anliegen. Als sie ihnen antwortete, sie könne bloß dem erlauchten Herrn selbst sagen, warum sie komme, glaubten sie es mit einer Wahnsinnigen zu tun zu haben und fertigten sie mit der unwahren Angabe ab: „Er ist jetzt nicht in *Saikyō*, und wir wissen nicht, wann er zurückkehren wird.“ Aber die alte Frau kam wieder und wieder, Tag um Tag, Woche um Woche, und jedes Mal schickte man sie mit einer anderen Ausflucht weg: „Heute ist er krank“, „heute ist er sehr in Anspruch genommen“, oder: „Heute hat er große Gesellschaft, und man darf niemand vorlassen“. Dessen ungeachtet fuhr sie fort, zu kommen, täglich zu derselben Stunde, immer ein Bündel in einem zerschlissenen Tuch bei sich tragend. Endlich wussten die Diener sich nicht mehr zu raten und beschlossen, ihrem Herrn doch von ihrem Kommen Mitteilung zu machen. Und so sagten sie zu ihm: „Eine sehr alte Frau, die wir für eine Bettlerin halten, steht an dem Haustor unseres erlauchten Herrn; mehr als fünfzigmal ist sie gekommen und verlangte mit unserem Herrn zu sprechen, und wollte uns nicht verraten, was sie zu ihm führe, denn sie sagte, sie könne es nur dem Herrn selbst mitteilen. Wir suchten sie abzuweisen, da sie uns verrückt zu sein schien, aber sie kommt immer wieder und wieder, und deshalb hielten wir es für das Beste, es dem Herrn zu melden, damit der Herr selbst entscheide, was mit ihr zu geschehen habe.“

Da rief der Meister barsch: „Warum hat es mir niemand früher gemeldet?“ Und er ging selbst an das Tor und sprach sehr gütig zu der Frau;

denn er erinnerte sich sehr wohl daran, dass er selbst arm gewesen war, und fragte sie, ob ihr mit einer Geldgabe gedient sei.

Aber sie sagte, sie brauche weder Geld noch Nahrung, sondern möchte nur, dass er ein Bild für sie male. Er wunderte sich sehr über ihr Begehren, führte sie aber in das Innere des Hauses. In der Vorhalle angelangt, kniete sie nieder und begann, die Schnüre des Bündels zu lösen, das sie in der Hand hielt. Nachdem sie es auseinandergefaltet hatte, erblickte der Maler seltsam reiche, golddurchwirkte Seidenkleider, die aber sehr abgenutzt und verblasst waren, – die verschlissene Kleiderpracht eines wunderbaren Kostüms einer *shirabyōshi* aus früheren Zeiten. Während die alte Frau die Gewänder eines nach dem andern ausbreitete, und sie mit zitternden Fingern zu glätten versuchte, tauchte eine vage Erinnerung in dem Hirn des Malers auf, dämmerte dort einen Augenblick und erhellte sich plötzlich. In diesem Erinnerungsblitz sah er das einsame Berghäuschen wieder vor sich, wo er unvergoltene Gastfreundschaft empfangen hatte, – das zierliche Zimmer mit dem Papier-Moskito-Vorhang, das für seine Nachtruhe bereitet worden war, das dämmerig brennende Lämpchen vor dem buddhistischen Altar, die seltsame

Schönheit der tanzenden Frau in der einsamen Totenstille der Nacht.

Und zum unsagbaren Erstaunen der greisen Besucherin neigte er sich, – er, der Fürstenliebling –

tief vor ihr und sagte: „O, verzeiht mir, dass ich nicht gleich Euer Gesicht erkannte. Aber seitdem wir uns gesehen, sind ja schon mehr als vierzig Jahre vergangen, – ja, nun weiß ich es ganz genau, Ihr habt mich einmal in Euer Haus aufgenommen, überließet mir das einzige Bett, das Ihr hattet – ich sah Euch tanzen, und Ihr erzähltet mir Eure ganze Geschichte. Ihr wäret eine *Shirabyōshi* und ich habe Euren Namen nicht vergessen."

Während er so sprach, stand die Frau betroffen und verwirrt und konnte keine Antwort finden; denn sie war alt, hatte viel gelitten, und ihr Gedächtnis fing nun an, sie im Stich zu lassen. Aber er sprach immer liebreicher auf sie ein und erinnerte sie an viele Dinge, die sie ihm erzählt, und beschrieb ihr das Haus, in dem sie damals gelebt hatte, so genau, dass sich nun auch in ihr die Erinnerung belebte und sie mit Tränen der Freude sagte:

„Sicherlich hat die Göttin, die sich auf den Klang des Gebetes herniederneigt, mich hierher geleitet. Aber als mein unwürdiges Haus von dem

Besuche des erlauchten Gastes geehrt wurde, war ich nicht so, wie ich jetzt bin, und so scheint es mir wie ein Wunder unseres Herrn Buddha, dass der Meister sich meiner erinnert."

Dann erzählte sie das Ende ihrer einfachen Geschichte.

Im Laufe der Jahre hatte die Not sie gezwungen, sich von ihrem kleinen Häuschen zu trennen, und im Greisenalter kehrte sie allein in die große Hauptstadt zurück, wo ihr Name schon lange vergessen war. Es war ihr ein großer Schmerz, ihr Haus zu verlieren, aber noch mehr schmerzte es sie, dass sie nun so alt und schwach wurde und nicht mehr jeden Abend vor dem *butsudan* tanzen konnte, um den Geist des toten Geliebten zu erfreuen. Deshalb wollte sie ein Bild von sich haben, in dem Kostüm und der Stellung des Tanzes, um es vor dem *butsudan* aufzuhängen.

Um das hatte sie inbrünstig zur *Kwan-on*[32] gebetet, und ihre Wahl war eben auf diesen Meister gefallen, wegen seiner Berühmtheit und seiner Geschicklichkeit im Malen, da es ihr um des geliebten Toten willen darum zu tun war, kein gewöhnliches Bild zu bekommen, sondern ein wirklich schön ausgeführtes Werk. Und sie hatte

[32] Zur „Gnadengöttin" *Kannon* siehe Fußnote 30.

ihr Tanzkleid mitgebracht, in der Hoffnung, der Meister würde so gütig sein, sie darin zu malen.

Dieser hörte alles mit freundlichem Lächeln an und sagte: „Es wird mir eine Freude sein, das Bild zu malen, das Ihr wünschet. Heute muss ich etwas vollenden, das keinen Aufschub leidet, aber wenn Ihr morgen herkommt, werde ich es genau so malen, wie Ihr es angebt und so gut ich es vermag." Sie aber erwiderte: „Ich habe dem Meister noch nicht gesagt, was mich im Geiste beunruhigt, und dies ist, dass ich für eine so große Gnade nichts anzubieten habe als diese Tanzkleider, die an sich keinen Wert haben, ob sie gleich einstmals kostbar waren. Trotzdem wage ich, zu hoffen, der Meister werde sie anzunehmen geruhen, da sie jetzt eine Seltenheit geworden sind, – denn es gibt nun keine *shirabyōshis* mehr, und die *maikos* von heute tragen keine solchen Kleider."

„An so etwas dürft Ihr gar nicht denken," protestierte der Künstler. „Nein, ich bin nur allzu froh, dass sich mir jetzt Gelegenheit bietet, einen kleinen Teil meiner alten Schuld an Euch abzutragen. Also, ich will Euch morgen gerne malen, wie Ihr es wünscht."

Und mit vielen Danksagungen neigte sie sich dreimal zur Erde vor ihm und sagte: „Der Herr möge verzeihen, wenn ich noch etwas vorbringe, – denn ich möchte nicht so gemalt sein, wie ich jetzt bin, sondern so, wie ich aussah, als ich jung war und der Herr mich gesehen hat."

Er antwortete: „Ich entsinne mich sehr genau, Ihr wart wunderschön…"

Ihre gerunzelten Züge verklärte ein Freudenschimmer, und sie neigte sich noch einmal dankend und rief: „Dann vollendet sich alles, was ich erbeten und erhofft. Da also der Herr sich meiner armen Jugend erinnert, beschwöre ich ihn, mich nicht zu malen, wie ich jetzt bin, sondern so, wie ich war, als er mich gesehen und geruht hat, mich nicht unschön zu finden. O Meister, macht mich wieder jung, macht mich schön, damit ich der Seele schön erscheine, um derentwillen ich, die Unwürdige, dies erflehe. Er wird des Meisters Werk sehen und mir vergeben, dass ich nicht mehr tanzen kann."

Noch einmal bat sie der Meister, sich keine Sorge zu machen und sagte: „Kommet nur morgen bestimmt, und ich werde Euer Bild malen. Ich will ein Bild von Euch machen, wie ich Euch als junge, schöne *shirabyōshi* sah, und ich will es so sorgfältig und fein malen, wie das Bild der reichsten Frau des Landes. Seid dessen gewiss und kommet pünktlich."

Die alte Frau kam zu festgesetzter Stunde, und auf weiche, weiße Seide malte der Künstler ihr Bild. Doch nicht ihr Bild, wie sie die Schüler des Meisters sahen, sondern ihr Bild aus seiner Erinnerung, helläugig wie ein Vogel, biegsam wie ein Bambus, strahlend wie ein *tennin*[33] (ein „Himmelsmädchen", ein buddhistischer Engel) in ihren goldgestickten Seidengewändern. Unter dem Zauberpinsel des Malers belebte sich die entschwundene Anmut und erblühte in neuer Schönheit. Als der *kakemono*[34] fertiggestellt und mit seinem Siegel versehen worden war, spannte er ihn auf kostbare Seide, befestigte ihn an Rollen aus Zedernholz und versah ihn mit Gewichten aus Elfenbein und mit einer Schnur zum Aufhängen. Dann packte er das Ganze säuberlich in ein Kästchen aus weißem Holz, und so übergab er es der *shirabyōshi*. Gern hätte er sie auch mit einer Geldgabe bedacht, aber, obgleich er in sie

---

[33] Die buddhistischen Engel *tennin* (天人) werden in der japanischen Malerei meist als überirdisch schöne Gestalten, bekleidet in aufwendigen Kimonos und behangen mit kostbarem Schmuck, dargestellt. Ihre Kimonos sind zudem mit Federn verziert. Dies soll die Fähigkeit der *tennin* zu fliegen symbolisieren.

[34] *Kakemono* (掛け物) sind meist in Tusche gemalte Rollbilder, die in eine Zimmernische (*tokonoma*, 床の間) gehängt werden. Die ästhetische Wirkung des *kakemono* wird dabei oft durch ein Ikebana-Arrangement unterstützt.

drang, konnte er sie doch nicht bewegen, eine Unterstützung anzunehmen.

„Nein," sagte sie mit tränenden Augen, „ich brauche wirklich nichts – das Bild war mein einziger Wunsch, – darum betete ich, – und nun mein Gebet erhört ward, weiß ich, dass ich in diesem Leben nichts mehr zu wünschen habe, und dass, wenn ich so wunschlos sterbe, es mir nicht schwerfallen wird, die Bahn Buddhas zu betreten. Nur ein Gedanke bekümmert mich, dass ich dem Meister nichts zu bieten vermag, als diese Tanzgewänder, – die annehmen zu wollen ich ihn beschwöre, obgleich sie von geringem Wert, – und alltäglich will ich beten, dass sein zukünftiges Leben glücklich sein möge um der wundersamen Güte willen, die er mir bewiesen hat."

„Ach nein," wehrte der Maler lächelnd ab, „was habe ich denn Großes getan, – in Wahrheit durchaus nichts, – was die Kleider betrifft, will ich sie gerne nehmen, wenn Ihr es wünschet, sie werden mir angenehme Erinnerungen zurückrufen an die Nacht, wo Ihr um mich Unwürdigen auf alle Bequemlichkeit verzichtetet und für all Eure Güte nichts annehmen wolltet, – ich fühle mich dafür ganz in Eurer Schuld. Aber nun sagt mir, wo Ihr wohnt, damit ich das Bild an Ort und

Stelle sehen kann.“ Denn er hatte bei sich beschlossen, für sie zu sorgen. Aber sie entschuldigte sich mit demütigen Worten und verweigerte ihm jegliche Auskunft, indem sie sagte, ihre Wohnstätte sei allzu gering, um von einem so erlauchten Herrn betreten zu werden. Dann erschöpfte sie sich stets von neuem in Danksagungen, und, ihren Schatz mit Tränen der Freude an sich drückend, entfernte sie sich. Da rief der Meister einem seiner Schüler zu: „Folge schnell dieser Frau, aber so, dass sie es nicht merkt, und bringe mir Bescheid, wo sie wohnt.“

Der Jüngling folgte ihr also unbemerkt. Er blieb lange aus, und bei seiner Rückkehr lächelte er so wie jemand, der sich genötigt sieht, etwas zu melden, was nicht angenehm zu hören ist – und er sagte: „O, Meister, ich folgte ihr aus der Stadt hinaus zum ausgetrockneten Bett des Flusses, dem Platz, wo Verbrecher gerichtet werden, – dort sah ich eine armselige Baracke, wie sie ein *eta*[35] (Paria) bewohnt, und dort lebt sie, – eine weltverlassene trostlose Gegend, o Meister!"

---

[35] Die „Beschmutzten“ (*eta*, 穢多) gehörten in der Edo-Zeit, wie die „Nichtmenschen“ (*hinin* 非人), zur gesellschaftlichen Gruppe der *burakumin* (部落), die außer- und unterhalb der Ständegesellschaft des Tokugawa-Systems stand. Die *eta* übten Berufe aus, die aus shintōistischer und buddhistischer Sicht als unrein galten, z. B. die des

Aber der Meister sagte: „Morgen wirst du mich an diesen Ort geleiten; denn solange ich lebe, soll es ihr weder an Nahrung, an Kleidung, noch an Behagen fehlen."

Und als er merkte, dass sich alle verwunderten, erzählte er ihnen die Geschichte von der *Shirabyōshi,* worauf sie seine Worte nicht mehr seltsam fanden.

Am Morgen des nächsten Tages, eine Stunde nach Sonnenaufgang, machte sich der Meister mit seinem Schüler auf den Weg zum ausgetrockneten Flussbett, weit außerhalb des Stadtgebietes, dem Asyl der Ausgestoßenen. Den Eingang der kleinen Wohnung fanden sie mit einem einzigen Laden verschlossen, an den der Meister mehrmals pochte, ohne dass ein Lebenszeichen von innen erfolgte. Nun bemerkte er, dass der Laden von innen nicht befestigt war; er stieß ihn sachte auf und rief durch die Öffnung hinein. Aber als drinnen noch immer alles stumm blieb, beschloss er, einzutreten. Gleichzeitig durchzuckte ihn mit außerordentlicher Lebendigkeit die Erinnerung an jene Nacht, da er

---

Schlachters, Gerbers oder Leichenbestatters. Die Nachfahren der *burakumin* sind auch heute noch in der japanischen Gesellschaft Diskriminierungen ausgesetzt.

als wegmüder Wanderer um Einlass bittend vor dem einsamen Berghäuschen stand.

Behutsam eintretend, sah er, in einen einzigen, dünnen zerschlissenen Futon gehüllt, die Frau scheinbar schlummernd daliegen. Auf einem rohgezimmerten Regal erkannte er den *butsudan*, den er vor vierzig Jahren gesehen, mit seinem Täfelchen, und jetzt wie damals brannte ein winziges Lämpchen vor dem *kaimyō*. Der *kakemono* der Gnadengöttin mit der Mondaureole war verschwunden, aber an der Wand, dem Schrein gegenüber, sah er seine eigene zierliche Bildergabe hängen, darunter eine *ofuda*[36], – eine *ofuda* der *Hito-koto-Kwan-on*, jener *Kwan-on*, zu der man nur einmal beten darf, da sie nur eine einzige Bitte erfüllt. Es war wenig anderes in dem trostlosen Heim, – nur weibliche Pilgerkleider, Bettelstab und Almosenschüssel. Aber der Meister beachtete nichts, denn er war begierig, die Schläferin zu wecken und zu erfreuen, und er rief fröhlich ihren Namen, einmal, zweimal, dreimal.

---

[36] *Ofuda* (御札) sind Talismane, meist aus Papier, auf die symbolische Zeichen gemalt sind. Eigentlich gehören die *ofuda* zur shintōistischen Religion und nicht, wie hier von Hearn beschrieben, zur buddhistischen. *Ofuda* werden am Hausschrein (*kamidana*) aufgestellt und repräsentieren bestimmte shintōistische „Gottheiten“ (*kami*, 神).

Da plötzlich sah er, dass sie tot war, und als er in ihr Gesicht blickte, staunte er, denn sie schien nicht mehr alt … eine zarte Lieblichkeit war wie ein geisterhafter Jugendhauch darüber ausgebreitet. Die Sorgenlinien und Runzeln waren seltsam gesänftigt und geglättet von der Hand eines mächtigeren Meisters.

Kimiko

Die Geschichte einer Geisha

Der Wunsch,
von dem Geliebten vergessen zu werden,
fällt der Seele viel schwerer,
als selbst zu trachten,
nicht zu vergessen.

(Gedicht von Kimiko)

Ihr Name steht auf einer Papierlaterne beim Eingang eines Hauses in der Geisha-Straße. Bei Nacht gesehen ist diese Straße eine der seltsamsten in der Welt. Sie ist eng wie ein schmaler Gang, und das dunkelglänzende Holzwerk der fest verschlossenen Hausfassaden, die alle kleine verschiebbare Türen haben mit Papierscheiben, die wie gepresstes Glas aussehen, erinnern an Schiffskabinen erster Klasse. Obwohl die Gebäude mehrere Stockwerke haben, wird man sie zuerst gar nicht gewahr, insbesondere wenn der Mond nicht scheint; denn nur die Erdgeschosswohnungen sind bis hinauf zu den ausgespannten Markisen erleuchtet, alles Übrige ist dunkel.

Das Licht strahlt aus Lampen hinter den Papierscheiben der schmalen Türen und aus Laternen, die an der Außenseite des Hauses hängen, eine an jeder Tür. Man blickt die Straße entlang zwischen zwei Reihen solcher Laternen, die in weiter Ferne zu einer unbeweglichen gelben Lichtmasse zusammenlaufen. Einige der Laternen sind eiförmig, einige zylindrisch, andere wieder vier- oder sechseckig, und alle sind sie mit japanischen Inschriften in schönen Ideogrammen geschmückt.

Die Straße ist sehr still, – still wie eine Ausstellung nach Schluss der Besuchsstunde. Der Grund dieser Stille ist die Abwesenheit der Hausinsassen, die meistenteils bei Banketten und anderen Festvorstellungen beschäftigt sind, denn ihr Leben ist ausschließlich ein Nachtleben.

Die Inschrift auf der ersten Laterne links, wenn man in südlicher Richtung geht, ist: *kinoya uchi okata;* und es bedeutet: das goldene Haus, wo Okata wohnt. Die Laterne zur Rechten erzählt vom Hause Nishimuras, einem Mädchen Myutsuru, welcher Name „der prächtige Storch" bedeutet. Das nächste Haus links ist das Haus der Kajita, und da wohnen Kohana, die Blumenknospe, und Hinako, deren Antlitz so hübsch ist, wie das einer Puppe. Gegenüber liegt das Haus Nagaye, wo Kimika und Kimiko wohnen… Und diese doppelte Lichterzeile von Namensbezeichnungen erstreckt sich über eine halbe Meile weit.

Die Inschrift auf dem letztgenannten Hause verkündet den Zusammenhang zwischen Kimika und Kimiko, aber sie verkündet uns noch etwas anderes, – denn Kimiko wird *ni-dai-me* genannt, ein unübersetzbarer Titel, der besagt, dass sie nur Kimiko No. 2 ist. Die eigentliche Herrin und Meisterin ist Kimika, die zwei Geishas erzogen hat, denen sie beiden denselben Namen Kimiko gegeben hat. Und diese zweimalige Anwendung desselben Namens ist der Beweis, dass die erste Kimiko, *ichi-dai-me,* sehr gefeiert gewesen sein musste. Der Name, den eine unberühmt gebliebene Geisha trägt, geht nie auf ihre Nachfolgerin über.

Solltest du jemals einen guten und zureichenden Grund haben, in das Haus zu kommen, so würdest du nach dem Zurückschieben der Eingangstüre, die beim Öffnen einen Gong in Bewegung setzt, um den Besucher anzukündigen, Gelegenheit haben, Kimika zu sehen – vorausgesetzt, dass ihre kleine Truppe nicht für diesen Abend irgendwo engagiert ist. Du würdest in ihr eine sehr intelligente Person kennen lernen, mit der zu sprechen es wohl der Mühe lohnt. Sie kann, falls es ihr beliebt, die merkwürdigsten Geschichten erzählen – Geschichten aus dem wirklichen Leben, wahre Erzählungen von der menschlichen Natur. Denn die Geishastraße ist voll von Traditionen, tragischen, komischen, melodramatischen. Jedes Haus hat seine besonderen Erinnerungen. Und Kimika kennt sie alle. Einige sind sehr, sehr schrecklich, und einige würden dich zum Lachen reizen, und wieder andere würden dich nachdenklich stimmen. Die Geschichte der ersten Kimiko gehört zu der letzteren Art. Sie gehört nicht zu den ungewöhnlichen, aber ist eine von denen, die dem abendländischen Verständnis am ehesten zugänglich ist.

+++

Es gibt keine *ichi-dai-me* Kimiko mehr: Sie ist nur eine Erinnerung. Kimika war noch ganz jung, als sie Kimiko ihre Berufsgenossin nannte.

„Ein außerordentliches Mädchen“, sagt Kimika von Kimiko.

Um sich in ihrem Fache einen Namen zu machen, muss eine Geisha entweder hübsch oder klug sein – und die berühmten sind gewöhnlich beides, da sie schon in zartester Jugend unter Berücksichtigung dieser Vorzüge von ihren Erziehern ausgewählt werden. Selbst von der untergeordnetsten Klasse dieser Berufssängerinnen verlangt man, dass sie in ihren jungen Jahren irgendeinen Charme besitzen, – sei's auch nur jene *beauté du diable,* welche das japanische Sprichwort inspirierte, dass selbst der Teufel mit achtzehn Jahren schön sei (oder wie eine andere Version lautet: „ein Drache mit zwanzig“). Aber Kimiko war mehr als hübsch, sie entsprach vollkommen dem japanischen Schönheitsideal, und dieser Anforderung genügt unter Hunderttausenden von Frauen kaum eine.

Sie war auch mehr als klug – sie war talentvoll. Sie dichtete zierliche Verse, verstand mit dem auserlesensten Geschmack Blumen zu ordnen, die Teezeremonien tadellos auszuführen, hatte großes Geschick im Sticken und der Seidenmosaikarbeit: mit einem Worte sie war vollkommen.

Ihr erstes öffentliches Auftreten machte in der Welt von Kyōto, *où l'on s'amuse* Sensation. Es war offenbar, sie konnte jede ihr beliebige Eroberung machen und an ihrem Glücke war nicht zu zweifeln. Aber niemand konnte auch in Abrede stellen, dass sie für ihren Beruf vollkommen vorgebildet worden war. Man hatte sie gelehrt, sich bei jeder nur erdenklichen Gelegenheit entsprechend zu benehmen, und was sich ihrem Wissen noch entzog, darüber wusste Kimika genau Bescheid: Die Macht der Schönheit und die Schwäche der Leidenschaft; den Wert der Verheißung und die Qual der Gleichgültigkeit; und all die Torheit und Schlechtigkeit in dem Herzen der Männer. Demnach machte Kimiko wenig Missgriffe und vergoss wenig Tränen. Nach und nach wurde sie, – wie Kimika gewünscht hatte, – ein wenig gefährlich. Ungefähr so wie eine Lampe für Nachtschmetterlinge, nicht mehr: Sonst würden sie wohl manche auslöschen. Die Aufgabe der Lampe ist, angenehme Dinge sichtbar zu machen: Sie will niemandem etwas zuleide tun. Auch Kimiko wollte niemandem etwas zuleide tun, sie war nicht zu gefährlich. Besorgte Eltern kamen zu der Einsicht, dass sie es gar nicht darauf anlegte, sich in respektable Familien einzudrängen, ja sie wollte sich nicht einmal in romantische Abenteuer einlassen. Aber sie war nicht allzu nachsichtig gegen jene Klasse von Jünglingen, die Dokumente mit ihrem eigenen Blut unterzeichnen und einer Tänzerin das Ansinnen stellen, die Spitze ihres kleinen Fingers als Pfand ewiger Treue abzuschneiden… Ihnen spielte sie übermütig genug mit, um sie von ihren Torheiten zu heilen. Gegen einige reiche Anbeter, die ihr um den Preis ihres Besitzes Ländereien und Häuser anboten, war sie weniger mitleidsvoll.

Einer unter ihnen war großmütig genug, ihre Freiheit bedingungslos mit einer Summe erkaufen zu wollen, die Kimika zu einer reichen Frau gemacht hätte. Kimiko war ihm sehr dankbar, aber sie blieb eine Geisha. Doch sie motivierte ihre Ablehnung mit so viel Takt, dass sie nicht verletzend wirkte und verstand die Kunst, in den meisten Fällen die Verzweiflung zu heilen. Natürlich gab es auch Ausnahmen. Ein bejahrter Herr, dem das Dasein nicht lebenswert schien, wenn er Kimiko nicht ganz allein besaß, lud sie eines Tages zu einem Bankette ein und forderte sie auf, Wein mit ihm zu trinken. Aber Kimika, gewohnt in den Gesichtszügen zu lesen, schmuggelte behende Tee (der dieselbe Farbe hat) in Kimikos Becher und rettete so das kostbare Leben des Mädchens. Denn einige Minuten später war der Geist des liebeskranken alten Narren allein und wahrscheinlich sehr enttäuscht auf dem Weg nach dem *meido*[37] (Totenreich).

---

[37] Das buddhistische Totenreich *meido* (冥土) kann mit dem Fegefeuer aus dem katholischen Glauben verglichen werden. Die Seelen der Menschen müssen nach dem Ableben zunächst den Totenfluss *Sanzu no kawa* (三途の川) finden und überqueren, bevor sie ins *meido* gelangen. Dort entscheidet sich, ob sie den Weg in den Himmel (*tengoku*, 天国) oder die Hölle (*jigoku*, 地獄) antreten.

Seit diesem Abend wachte Kimika über Kimiko wie eine Wildkatze über ihr Kätzchen.

Das „Kätzchen“ wurde eine fashionable Manie, das Gespräch des Tages, eine lokale Berühmtheit.

Es gibt einen ausländischen Prinzen, der sich noch heute ihres Namens erinnert: Er sandte ihr Diamanten, die sie nie anlegte. Kostbare Geschenke in Mengen wurden ihr von Leuten zugeschickt, die sich den Luxus gönnen konnten, ihr eine Freude zu machen, denn auch nur einen Tag in ihrer Gunst zu stehen, war der Ehrgeiz der „goldenen Jugend“. Aber sie gestattete niemandem, sich als ausgesprochenen Günstling zu betrachten und wollte von Schwüren ewiger Treue nichts wissen. Auf alle Beteuerungen dieser Art entgegnete sie, dass sie wisse, was ihr zukomme. Selbst respektable Frauen sprachen mild über sie, weil ihr Name nie in irgendeiner Familientragödie figuriert hatte. Sie kannte wirklich ihre Stellung. Die Jahre schienen ihr nichts anzuhaben, sie vielmehr noch reizender zu machen. Andere Geishas wurden berühmt, aber keine wurde ihr gleichgestellt. Ein Fabrikant erwarb das alleinige Recht, ihre Photographie als Warenetikette gebrauchen zu dürfen, und diese Etikette trug ihm ein Vermögen ein.

Aber eines Tages verbreitete sich das sensationelle Gerücht, Kimikos sprödes Herz habe sich endlich erweichen lassen. Sie hatte tatsächlich Kimika Lebewohl gesagt und war mit jemandem fortgegangen, der, wie man behauptete, imstande war, ihr die hübschesten Kleider, die sie nur wünschen konnte, zu geben, jemandem, der es sich angelegen sein ließ, ihr eine soziale Stellung zu schaffen und die üble Nachrede über ihre Vergangenheit zum Schweigen zu bringen; jemandem, der bereit war, tausend Tode für sie zu sterben und schon jetzt aus Liebe zu ihr halbtot war. Kimika berichtete, ein Tor habe aus Liebe zu Kimiko einen Selbstmordversuch gemacht, Kimiko habe sich seiner erbarmt und ihn wieder gesund gepflegt, wobei aber auch seine Torheit zu neuem Leben erwachte. *Taiko* Hideyoshi[38] hat gesagt, es gebe nur zwei Dinge, die er hienieden fürchte: einen Toren und eine finstere Nacht. Kimika hatte immer Furcht vor Toren gehabt, und ein Tor hatte ihr Kimiko entführt. Und mit Tränen, die nicht ganz selbstlos waren, fügte sie

---

[38] Toyotomi Hideyoshi (豊臣秀吉, 1536-1598), der zweite der drei Reichseiniger, konnte aufgrund seiner niederen Herkunft nicht Shōgun werden. Stattdessen wurde ihm vom *tennō* im Jahre 1585 der Herrschertitel *kanpaku* (関白) verliehen. Nach seiner Abdankung im Jahre 1592 durfte er den Titel *taikō* (太閤) tragen.

hinzu, Kimiko würde nie mehr zurückkehren, denn dies sei ein Fall von gegenseitiger Liebe auf die Dauer von mehreren Leben.

Aber dessen ungeachtet behielt Kimika nicht ganz recht. Denn trotz ihres Scharfsinns war sie doch unfähig, Kimikos heimlichste Seele zu erkennen. Hätte sie einen Blick hineintun können, sie würde vor Erstaunen aufgeschrien haben.

Kimiko unterschied sich von anderen Tänzerinnen auch dadurch, dass sie von edler Geburt war. Ehe sie ihren Berufsnamen annahm, hatte sie Ai geheißen, was mit gewöhnlichen Buchstaben geschrieben „Liebe" bedeutet; mit anderen Schriftzeichen geschrieben, bedeutet dasselbe Wort „Leid". Ais Geschichte ist eine Geschichte von Liebe und Leid zugleich. Sie hatte eine gute Erziehung genossen. Man schickte sie in eine Privatschule, der ein alter Samurai vorstand. Dort hockten die kleinen Mädchen auf ihren Kniekissen vor Schreibpulten, die zwölf Zoll hoch waren, und der Unterricht war unentgeltlich. (Heutzutage, wo Lehrer größere Gehälter beziehen als andere Beamte, ist der Unterricht nicht so anregend und gediegen wie in früheren Tagen.) Eine Dienerin begleitete das Kind immer aus und in die Schule und trug ihre Bücher, ihr Kniekissen, ihre Schreibhefte und ihr Tischchen.

Dann kam Kimiko in eine öffentliche Elementarschule. Die ersten „modernen Lehrbücher" waren eben erschienen. Sie enthielten japanische Übersetzungen englischer, französischer und deutscher Geschichten über Ehre, Pflicht und Heroismus – eine ausgezeichnete Auswahl, illustriert mit kleinen naiven Abbildungen abendländischer Menschen in Kostümen, die man in dieser Welt nie getragen oder gesehen hatte. Diese kleinen rührenden Kostümbücher sind jetzt Kuriosa geworden, und nun schon lange durch prätentiösere und weniger liebevoll komponierte ersetzt.

Ai lernte mit großer Leichtigkeit. Einmal jährlich, zur Zeit der Prüfungen, kam ein hoher Staatsbeamter in die Schule und sprach mit den Mädchen, als wären sie alle seine eigenen Kinder und fuhr liebevoll über die seidenweichen Köpfchen der Kleinen, wenn er die Preise verteilte. Nun ist er ein großer Staatsmann, der sich vom öffentlichen Leben zurückgezogen und Ai wohl vergessen hat. In der Schule unserer Tage geht man nicht so zart mit kleinen Schulmädchen um, und erfreut ihr kleines Herz nicht mit Preisen.

Dann kamen jene umwälzenden Reformen,[39] die Familien von Rang ihrer Stellung beraubten und sie in Armut stürzten. Nun musste Ai die Schule verlassen. Mancherlei anderer Kummer folgte, und schließlich blieb sie allein und verlassen mit ihrer Mutter und einer jüngeren Schwester hilflos zurück. Die Mutter und Ai konnten nicht viel anderes tun als weben, und mit dieser Arbeit war es nicht möglich, so viel zu verdienen, um damit ihr Leben zu fristen. Alles, was sie besaßen, Haus und Landbesitz zuerst, dann Stück um Stück, alles Übrige, was zur Notdurft des Lebens nicht unbedingt erforderlich war, wie Hausgerät, Schmucksachen, kostbare Kleider, schön gravierte Lackwaren, gingen weit unter dem wirklichen Wert in die Hände derjenigen über, die aus dem Elend der Unglücklichen Vorteil ziehen, und deren Reichtum im Volksmunde *namida-nokane*, – „das Geld der Tränen", genannt wird. Die Unterstützung von den Lebenden floss nur spärlich, denn die meisten verwandten Samurai-Familien waren in der gleichen traurigen Lage. Als nun

[39] Die Meiji-Restauration (1868) war nicht nur mit der Abschaffung des Shōgunats, sondern auch mit einer grundlegenden Umgestaltung der japanischen Gesellschaft verbunden. So verschwand der Kriegerstand der Samurai völlig, da deren Funktion nach der Militärreform und der Einführung einer Wehrpflicht überflüssig wurde. In der Folge verarmten die Familien vieler ehemaliger Samurai.

alles erschöpft war und es nichts mehr zu verkaufen gab, – nicht einmal Ais kleine Schulbücher, – suchte man Hilfe bei den Toten.

Man besann sich, dass der Vater von Ais Vater mit seinem kostbaren Schwerte, einem Geschenk eines *daimyō*[40], begraben worden war, und dass die Beschläge der Waffe aus schwerem Gold waren. Man öffnete das Grab, und der große Griff von erlesener Arbeit wurde durch einen ganz gewöhnlichen ersetzt, und die Ornamente der lackierten Scheide wurden abgelöst. Die Klinge aber ließ man an Ort und Stelle, weil der Krieger ihrer bedürfen konnte. Ai sah seine aufgerichtete Gestalt in der Urne aus roter Tonerde, die bei Begräbnissen nach altem Brauch für Samurais von hohem Range als Sarg dient. Nach all den langen Jahren, die er im Grabe gelegen hatte, waren seine Züge noch erkennbar; und als man ihm sein Schwert wieder zurückgab, schien es ihr, als ob er durch ein grimmiges Lächeln seine Zustimmung zu dem Vorgang gäbe.

Aber der Tag kam, an dem Ais Mutter zu schwach wurde, um weiter am Webstuhl zu arbeiten, und das Gold des Toten war erschöpft. Ai sagte: „Mutter, ich weiß, jetzt gibt es nur mehr

---

[40] *Daimyō* (大名) waren Lehensfürsten im feudalen Japan. Sie unterstanden direkt dem Shōgun.

einen Ausweg; ich muss mich als Tänzerin verkaufen.“ Die Mutter weinte und gab keine Antwort. Ais Augen blieben trocken, – sie ging allein aus dem Hause.

Sie erinnerte sich, dass, als in ihres Vaters Hause Bankette stattfanden, bei denen Geishas Wein kredenzten, eine freie Geisha, die man Kimika nannte, sie immer geliebkost hatte. Nun ging sie geradeswegs in das Haus Kimikas.

„Ich möchte, dass du mich kaufst,“ sagte Ai beim Eintreten, „und ich möchte eine Menge Geld haben…“ Kimika lächelte über das Kind, streichelte ihre Wange, gab ihr zu essen und ließ sich ihre Geschichte erzählen, die Ai tapfer und ohne eine Träne zu vergießen vortrug.

„Mein Kind,“ sagte Kimika, „ich kann dir nicht viel Geld geben, denn ich habe selbst nur sehr wenig. Aber was ich tun kann, ist, dir zu versprechen, deine Mutter zu versorgen, – dies wird besser sein, als ihr eine große Summe für dich einzuhändigen. Denn deine Mutter, mein Kind, war eine große Dame, und weiß deshalb nicht mit Geld umzugehen. Bitte deine Mutter, den Vertrag zu unterzeichnen, der die Bedingung enthält, dass du bis zu deinem vierundzwanzigsten Jahre bei mir bleiben musst oder bis zu der Zeit, wo du mir alles zurückzuzahlen imstande sein wirst. Und was ich an Geld augenblicklich entbehren kann, nimm mit nach Hause als freie Gabe."

So wurde Ai eine Geisha, und Kimika nannte sie Kimiko und hielt ihr Versprechen, die Mutter und die kleine Schwester in allem zu versorgen. Die Mutter starb, ehe Kimiko berühmt wurde; die kleine Schwester wurde in einer Schule untergebracht, – dann trugen sich die schon erwähnten Dinge zu.

Der junge Mann, der aus Liebe zu einer Geisha in den Tod gehen wollte, war eines besseren Loses würdig. Er war der einzige Sohn wohlhabender und angesehener Leute, die bereit waren, jedes Opfer für ihn zu bringen, selbst das, eine Geisha als Schwiegertochter anzuerkennen. Ja, Kimiko war ihnen sogar wegen ihrer Liebe zu ihrem Sohn nicht unwillkommen.

Bevor Kimiko Kimika verließ, wohnte sie noch der Hochzeit ihrer jungen Schwester, Umè, bei, die eben mit der Schule fertig geworden war. Kimiko hatte ihr den Gatten gewählt, wobei ihre große Menschenkenntnis ihr zu statten kam. Ihre Wahl fiel auf einen sehr geraden, ehrlichen altmodischen Kaufmann, einen Mann, dem es nicht möglich gewesen wäre, schlecht zu sein, selbst wenn er sich bemüht hätte. Umè zweifelte nicht an der klugen Wahl ihrer Schwester, und in der Tat wurde die Ehe auch wirklich eine sehr glückliche.

Es war im vierten Monat des Jahres, als Kimiko in das für sie bestimmte neue Heim geführt wurde. Dies war ein Haus ganz danach angetan, alle trüben Dinge des Lebens aus der Erinnerung zu löschen, eine Art Feenpalast in der verzauberten Stille großer schattiger umhegter Gärten. Dort konnte sie das Gefühl eines Wesens haben, das um seiner guten Taten willen, in *Horais*[41] Reich (Elysium) aufgenommen worden ist. Doch der Frühling entschwand, und der Sommer kam – und Kimiko blieb immer noch Kimiko. Dreimal hatte sie, aus unbekannten Gründen, den Hochzeitstag hinausgeschoben.

Und wieder verstrichen einige Monate. Da umdüsterte sich die Stimmung Kimikos, und eines Tages teilte sie ihre Gründe sanftmütig, aber entschlossen mit: „Es ist nun Zeit, dass ich sage, was ich so lange gezögert habe, zu offenbaren. Um der Mutter willen, der ich das Leben danke, und um meiner kleinen Schwester willen, habe ich in

---

[41] *Hōrai* (蓬莱) bezeichnet in Japan das „Reich der ewigen Jugend", vergleichbar mit der „Insel der Glückseligkeit" aus der griechischen Mythologie. *Hōrai* ist auch ein anderer Name für den Berg Fuji.

der Hölle gelebt. All dies ist ja vorüber; aber das Brandmal ist auf mir – keine Macht der Welt kann mich davon befreien. Eine, wie ich bin, kann nicht in eine ehrenwerte Familie eintreten, kann nicht die Mutter Eures Sohnes werden, kann Euch kein Heim schaffen. Gestattet mir zu sprechen; denn in der Erkenntnis des Bösen bin ich weit, weit bewanderter als Ihr. Nie will ich Eure Frau werden zu Eurer Schmach. Ich bin nur Eure Gespielin, Eure Kameradin, Euer flüchtiger Gast – und dies nicht um irgendwelchen Lohn. Wenn ich nicht mehr bei Euch sein werde, – ja, dieser Tag wird gewiss einmal kommen! – werdet Ihr klarer sehen. Ich werde Euch noch teuer sein, aber nicht in derselben Weise wie jetzt, die nur Betörung ist. Ihr werdet Euch dieser meiner Worte aus meinem tiefen Herzensgrunde erinnern. Man wird Euch irgendeine reizende vornehme Dame erwählen, die die Mutter Eurer Kinder werden wird – ich werde sie vielleicht sehen, aber ich werde niemals Eure Gattin werden, und die Freude einer Mutter bleibt mir ewig verschlossen. Ich war nur deine Torheit, mein Geliebter, eine Illusion, ein Traum, ein Schatten, der über dein Leben huschte.

In späteren Tagen wird es mir vielleicht gegönnt sein, mehr für dich zu sein, aber deine Gattin nun und nimmer. Dringe nicht in mich, – sonst müsste ich dich gleich verlassen…"

Als der sechste Monat des Jahres anbrach, verschwand eines Tages Kimiko unerwartet und spurlos.

Niemand wusste, wann und wohin sie gegangen war. Selbst die Bewohner des Nachbarhauses hatten ihr Fortgehen nicht bemerkt. Zuerst gab man sich der Hoffnung hin, sie werde bald zurückkehren, denn von all ihren kostbaren und schönen Sachen, ihren Kleidern, ihrem Schmuck, selbst ihren Geschenken, die an sich ein Vermögen repräsentierten, hatte sie nicht das Geringste mitgenommen. Aber Wochen verstrichen, ohne irgendeine Spur eines Lebenszeichens von ihr zu bringen; und man befürchtete, ihr sei irgendetwas Schreckliches zugestoßen. Man leitete Flüsse ab, durchsuchte Brunnen nach ihrer Spur. Brieflich und telegraphisch wurde ihr nachgeforscht. Vertrauenswürdige Diener wurden ausgesandt, sie zu suchen. Prämien wurden auf ihre Entdeckung ausgesetzt, und insbesondere versprach man Kimika goldene Berge, obwohl sie dem Mädchen ohnehin so zugetan war, dass sie nur zu froh gewesen wäre, sie auch ohne jegliche Aussicht auf Gewinn zu finden… Aber das Geheimnis blieb Geheimnis. Sich an die Behörden zu wenden, wäre vergebens gewesen, – die Flüchtige hatte ja nichts Unrechtes begangen, hatte kein Gesetz verletzt; und der große Polizeiapparat durfte nicht um der leidenschaftlichen Laune eines Jünglings willen in Bewegung gesetzt werden. Monate wurden zu Jahren, aber weder Kimika noch die junge Schwester in Kyōto, noch sonst irgendjemand von den Tausenden, die die schöne Tänzerin gekannt und bewundert hatten, sahen sie jemals wieder.

Aber was Kimiko vorhergesagt hatte, bewahrheitete sich: Denn die Zeit trocknet alle Tränen und heilt alle Wunden, und selbst in Japan versucht man nicht zum zweiten Mal um desselben Herzeleids willen in den Tod zu gehen. Kimikos Freund beruhigte sich, er wurde gelassener, man wählte ihm ein sehr liebliches Wesen als Gattin, die ihm einen Sohn schenkte.

Und wieder vergingen Jahre, und Glück und Zufriedenheit herrschte in dem Feenpalaste, wo einst Kimiko geweilt hatte.

Eines Tages kam eine wandernde Nonne, wie almosenheischend, vor das Haus. Als das Kind ihren buddhistischen Ruf *Ha-ï, Ha-ï* vernahm, lief es an das Tor. Eine Dienerin, die mit der üblichen Reisspende nachfolgte, sah mit Erstaunen, wie die Nonne das Kind liebkoste und sich flüsternd mit ihm unterhielt. Beim Anblick der Dienerin rief der Kleine eifrig: „Lass mich ihr geben." Und die Stimme der Nonne hinter dem bergenden Schleier, der von ihrem großen Strohhut herabhing, sagte: „Bitte, lasset das Kind gewähren."

Das Kind schüttete den Reis in die Schüssel der Nonne, und sie dankte ihm und sagte: „Willst du nun wiederholen, was ich dir vorgesagt habe?" Und das Kind sagte leise: „Vater, eine die du nie in dieser Welt wiedersehen wirst, sagt, dass ihr Herz froh ist, weil sie deinen Sohn gesehen hat."

Die Nonne lächelte milde, liebkoste dann den Knaben noch einmal und schritt eilends von dannen.

Während die Dienerin sich vor Erstaunen nicht fassen konnte, lief das Kind zu seinem Vater, um ihm die Botschaft zu bringen.

Aber des Vaters Augen gingen über, als er die Botschaft hörte, und er weinte über dem Haupte seines Kindes. Denn er und nur er allein wusste, wer an dem Tore gewesen war. Und er erkannte den verborgenen Sinn des Opfergedankens, der ihr ganzes Leben beherrscht hatte.

Seither sieht man ihn oft in Sinnen versunken, aber niemand erfährt seine Gedanken. Er weiß, dass der Raum zwischen Sonne und Sonne geringer ist als zwischen ihm und der Frau, die ihn liebte.

Er weiß, es wäre vergebens, danach zu forschen, in welcher fernen Stadt, in welchem fantastischen namenlosen Straßengewirr, in welchem weltfremden dunklen, nur den Ärmsten der Armen bekannten Tempel sie der Dunkelheit harrt, die dem Anbruch des unermesslichen Lichtes vorangeht, wo das Antlitz des Meisters ihr zulächeln wird, wo die Stimme des Meisters in Tönen, die süßer sind als je die eines irdischen Geliebten, zu ihr die Worte spricht: „O, meine Tochter, du bist den rechten Weg gewandelt, du hast die tiefste Wahrheit geglaubt und verstanden – deshalb heiße ich dich willkommen und nehme dich hier auf.“

Lafcadio Hearn

Kurzbiografie

Lafcadio Hearn wird am 27. Juni 1850 auf der griechischen Insel Lefcada als Sohn des irischen Stabsarztes Charles Bush Hearn und der Griechin Rosa Cerigote geboren. Früh wird er von seinen Eltern verlassen und wächst fortan in französischen und englischen Internaten auf. Im Alter von 16 Jahren verliert er beim Spielen ein Auge. Fortan wird er ob seines Aussehens von Minderwertigkeitsgefühlen geplagt. Im Jahre 1869 wandert Hearn mittellos nach Amerika aus, wo er sich in Cincinnati, später in New Orleans und New York als Journalist und Autor über Wasser hält. Er verbringt viel Zeit in öffentlichen Bibliotheken und beginnt ein besonderes Interesse an Japan zu entwickeln.

1890 erhält Hearn den Auftrag, nach Japan zu reisen, um für das *Harper's Magazine* eine Artikelserie über die Kunst und Literatur Japans zu verfassen. Schon bald nach der Ankunft entscheidet er sich, in Japan zu bleiben. Durch Vermittlung Basil Hall Chamberlains findet er eine Stelle als Lehrer in Matsue. Später übt Hearn Lehrtätigkeiten an Schulen und Universitäten in Kumamoto, Kobe und Tōkyō aus. 1891 heiratet er

Koizumi Setsuko, die Tochter eines verarmten Samurai, die ihm einen Sohn schenkt. Hearn lässt sich von der Familie seiner Frau adoptieren, nimmt den Namen Koizumi Yakumo an und wird japanischer Staatsbürger.

Parallel zu seiner Lehrtätigkeit verfasst Hearn mehr als ein Dutzend Bücher über Japan, die in amerikanischen Verlagen veröffentlicht und von Publikum und Kritikern positiv rezipiert werden. 1903 verschlechtert sich sein Gesundheitszustand. Zudem gerät er in Streit mit seinem Arbeitgeber über die angemessene Bezahlung seiner Tätigkeit. Am 26. September 1904 stirbt Lafcadio Hearn an Herzversagen.

VERLAGSPROGRAMM

Akutagawa, Ryūnosuke - *Kappa*
87 Seiten, ISBN 978-3-945058-14-5

Dauthendey, Max - *Den Abendschnee am Hirayama sehen*
69 Seiten, ISBN 978-3-945058-13-8

Doblhoff, Josef von - *Chillonius in Japan*
148 Seiten, ISBN 978-3-945058-10-7

Hearn, Lafcadio - *Die Geisterkaskade*
128 Seiten, ISBN 978-3-945058-09-1

Hearn, Lafcadio - *Die Versöhnung des Samurai*
112 Seiten, ISBN 978-3-945058-05-3

Hearn, Lafcadio - *Japan - ein Deutungsversuch*
303 Seiten, ISBN 978-3-945058-07-7

Hearn, Lafcadio – *Kwaidan*
125 Seiten, ISBN 978-3-945058-04-6

Lerch, Klaus - *Das Atelier des Kusakabe Kimbei*
97 Seiten, ISBN 978-3-945058-01-5

Lerch, Klaus (Hrsg.) - *Unheimliche Geschichten aus Japan*
99 Seiten, ISBN 978-3-945058-03-9

Mohl, Ottmar von - *Am japanischen Hofe*
213 Seiten, ISBN 978-3-945058-02-2

Müller, Igor; Akiyama, Reruhi - *Kyōto – Tanka*
92 Seiten, ISBN 978-3-945058-06-0

Müller, Igor; Akiyama, Reruhi - *Nara – Haiku*
91 Seiten, ISBN 978-3-945058-08-4

Stuckenschmidt, Dierk - *Todai-ji*
383 Seiten, ISBN 978-3-945058-11-4

HIBARIOS VERLAG
Königstraße 110, 41564 Kaarst,
www.hibarios-verlag.de, Info@hibarios-verlag.de